わたしたちの歳時記

杉浦さやか

はじめに

いろんな正月飾りを楽しむ元旦の散歩道、
青空にすっくと向かうモクレンの花、
スーパーに並ぶみずみずしい青梅、
いつの間にか色づきはじめたケヤキ並木。

都会にくらしていても、足もとの草花や庭先の木々、
街のようす、お店に並ぶ野菜やくだもので、
季節の移り変わりを感じとることができます。
暮らしの中で息づくお花や旬のもの、
昔ながらの行事を並べたカレンダーを描くのは、私の夢のひとつでした。
調べてみるとすべての行事にこまかく意味があり、
込められた健康や長寿の願いがあって。
何気なく見ていたお花は、こんなふうに名前がついたのね。
モモって弥生時代から食べられていたの?!
知れば知るほど、身近なものを見る目も変わっていきました。

忙しく日々を駆け抜け、あとまわしにしてしまうこともあるけれど、
お正月に家を整え、節分のあとはおひな様を出し、
七夕には笹を飾って、お月見にススキを用意して……
そのときしか味わえない季節のよろこびを感じて、
ほんの小さくだってお祝いしたい。
無理せず、きばらず、わたしたちなりの歳時記を紡いでいく日々。
手作りやお出かけの話とともに、
季節の風やにおいを感じてもらえたらさいわいです。

もくじ

はじめに	2
二十四節気と七十二侯	6

JANUARY

1月の歳時記	12
お正月飾り	14
おせち比べ	18
手帳にひと言日記	20

FEBRUARY

2月の歳時記	26
あったか冬小物	28
雪の日	30

MARCH

3月の歳時記	36
手作りひな祭り	38
リメイク大作戦	40
Column 1 セレモニー・スタイル	46

APRIL

4月の歳時記	52
ハッピー・バースデー！	54
おめでとうカードを作ろう	58
新生活を応援	62

MAY

5月の歳時記	68
お弁当バンザイ！	70
絵本の中のお菓子が食べたい	74

JUNE

6月の歳時記	82
梅シロップを楽しみつくそう	84
雨の日は紙遊び	86
Column 2 旅のスタイル	88

7 JULY

7月の歳時記	94
花と緑とくらす	96
おやつを作ろう	100

8 AUGUST

8月の歳時記	108
夏の山小屋	110
リサイクル工作のススメ	112

9 SEPTEMBER

9月の歳時記	118
思い出の残しかた	120
秋の夜長の栗むき	124
Column 3 プチプラ・スタイル	126

10 OCTOBER

10月の歳時記	132
山へ行こう！	134
ハロウィンで遊ぼう	138

11 NOVEMBER

11月の歳時記	148
ミルクティーの道具	150
秋のクラシックホテル	152

12 DECEMBER

12月の歳時記	160
アドベント・カレンダーを作ろう	162
クリスマス・デコレーション	164
パーティーのプレゼント	168

おわりに	173
INDEX	174

二十四節気と七十二候

二十四節気カレンダー

　1月の小寒、大寒にはじまり、本書のカレンダーにも書き込んだ二十四節気。古来から農業の目安として使われ、今も季節の挨拶など、暮らしの中で親しまれています。地球が太陽の周りを一周する一年を春夏秋冬の4つに、さらにそれぞれを6つに分け、気候や生物の様子を表す名前がつけられています。

　太陽の動きをもとにした太陽暦（新暦）が日本で採用されたのは、明治のはじめ。それまでは月の満ち欠けが基準の太陰太陽暦（旧暦）が使われてきました。しかし、実際の季節と暦にずれが生じるため、紀元前の中国で生まれた二十四節気が、太陰太陽暦とともに平安ごろから使われるようになったそう。

文字からその季節の情景が浮かぶ、美しい暦。

　もともと中国の気候に合わせて作られたものであること、新暦に切り替わる際に日付が約ひと月進んだこともあり、現在の暦とは季節のずれがあります。
　二十四節気をさらに5日おきに分けたのが七十二候。二十四節気と同じく古代中国で作られ、日本の気候風土に合うように何度も改定されてきたとか。小寒と大寒の間なら"芹乃栄（セリすなわちさかう）"＝水辺にセリが生えはじめるころ、"水泉動（しみずあたたかをふくむ）"＝泉の水が溶け、動きはじめるころ、"雉始雊（きじはじめてなく）"＝雉が甲高い声で鳴くころ、と名前を見るだけで、より細やかな季節の移ろいを感じることができます。

手作りポチ袋

折り紙で作ると楽しい。
「折り紙 ポチ袋 簡単」で
検索して折ってみよう。
右は切って貼って封筒に。

1
JANUARY

ガラッと気持ちを切り替えられるお正月が大好き。
おせち料理を囲んで、今年も元気に過ごせるように
のんびり英気を養おう。

1 睦月

むつき

睦ぶ=仲よくすること。家族、親族が集まり睦び親しむ月。

誕生花
スイートピー
「優しい思い出」

誕生石
ガーネット
「真実」「実り」

*年によってかわるこよみ、行事。　　二十四節気、七十二候。

1月の歳時記

お正月の食べもの

❉ 雑煮 ❉

年神様に供えた餅や食べものを煮て、恩恵をいただく。さまざまな具材を煮た「煮雑ぜ（にまぜ）」が語源とされる。

佐賀
夫の実家は丸餅、ハクサイのみ！昆布かつおだし。

京都
友人の家は白味噌、丸餅、ダイコン、金時ニンジン。全部丸い具で"一年まるーくいくように"。

どちらも餅は焼かない

関東風
うちは昆布、かつおだし、鶏肉、コマツナ、シイタケ、かまぼこ、ギンナンと、焼いた角餅。

❉ おせち料理 ❉

「お節供（おせちく）」の略。もとは節句に神様に供えたもの全般を指す。平安時代ごろから定着し、一般に広まったのは江戸時代。かまどの神・荒神様に休んでもらうため、正月に"縁を切る"につながる刃物を使わないため、主婦も休むためなどの説があり、保存のきく料理を年末に用意する。

かまぼこ　赤は魔除け、白は清浄、半円形は日の出を意味する。

数の子　子孫繁栄

黒豆　まめに働き、まめに暮らせるように。

エビ　腰が曲がるまで長生き
田作り　五穀豊穣
だて巻き　巻いた形は書物をあらわし、文化、教養を意味する。
なます　お祝いの水引をかたどる。

きんとん　"金団"と書き、金運を願う。

レンコン　穴があいて見通しがよい。

昆布巻き　"よろこぶ"にかけて縁起がよい。

❉ お屠蘇 ❉

無病息災を願う祝い酒。中国から平安時代に渡来。生薬の入った屠蘇散を日本酒やみりんに漬ける。小中大の盃に家長が注ぎ、年少者から飲む。略式は中の盃だけ使う。

三度傾けて注ぎ、三口で飲む。

スイセン

地中海沿岸生まれの球根花。古代ギリシャの詩に詠まれたほど、古い歴史がある。平安時代に中国から渡来。

クリスマスローズ

和名は"寒芍薬"

キンポウゲ科。原種がクリスマスごろ咲くのでこの名に。開花は1〜5月。寒さに強く、毎年咲く宿根草。

ハボタン

江戸時代に食用として渡ったケールの仲間を、観賞用に改良。アブラナ科で、ナノハナに似た花が咲く。

ナンテン

鳥の大好物

難を転ずることに通ずるため、厄除けや魔除けとして古くから庭に植えられた。初夏に白い小花が咲く。

センリョウ・マンリョウ

センリョウは上向きに
マンリョウは下向きに実がつく

たくさんの実をつけるマンリョウ、切花で出まわるのはセンリョウ。どちらも実をお金にたとえた縁起植物。

ロウバイ

中国原産。蝋細工のような黄色い花。早春に芳香を漂わせるが、梅ではなくロウバイ科の植物。

ブロッコリー

茎もピーラーで皮をむき、おいしく食べる。

緑の粒々は小さな花のつぼみ。ビタミンCはレモンの1.4倍。水溶性なので蒸す、炒めるほうがよい。

ダイコン

出まわる90%が青首ダイコン

代表的な品種である青首大根の旬は12〜2月ごろ。春夏ものは辛味が強く、冬は寒さに耐えて甘みが増す。

リンゴ

秋収穫のリンゴの旬は11〜2月

リンゴの王様"ふじ"の中でも、袋をかけずに太陽の光を浴びた"サンふじ"は蜜たっぷりで大好き。

おでん
ブロッコリーとトマトは最後にサッと煮る。

ダイコンは片側に十字に包丁を入れると味がしみ、面取りすると煮くずれない。

お正月飾り

門松 年神様が家々に降臨するときの目印。
松は常緑で生命力、竹は成長の早さから、繁栄をあらわす。

クリスマスがおわると、家の中はお正月飾りに一新。
しめ縄はここ数年、友人たちと一緒に手作り。
藁細工の先生をしている友達の母上に教わり、いろんな形のしめ縄に挑戦。
クリスマスの翌朝、玄関ドアのリースを外して飾ります。
次に用意するのが、新しい年の干支人形。
民芸品店や雑貨店で探したり、骨董市で買ったとっておきを出してきます。
下駄箱の上には娘が作ったしめ縄や干支人形、リビングには花や人形を飾り、
一気に年末年始の駆け抜けモードにスイッチオン。
そこからようやく、大掃除にも熱が入ります。
本当はきれいに家の中を清めてから、年神様を迎える飾りをするものだけど……
やる気を出すためにまずは楽しいことから、手をつけるのでした。

しめ縄

神様を迎える清浄な場所であるしるし。

エビのしっぽ付き

むずかしかった長野の杓子形。福をすくい取る！

娘・作のトンボ形。リボンみたい。

◆ 玄関のお飾り ◆

学校で作った車輪飾りに、しめ縄作りで余った稲穂の束をつけました。たくさん作って、プチギフトに。

スリッパを入れたカゴにかかっているのは、お年賀にもらった「とらちゃ」の干支風呂敷。*毎年かわいい。

細く切った折り紙をホチキスでとめる。

ネームシールを干支形（うさぎ）に切り、貼る。

1/4に切った折り紙で巻き、ひもで結ぶ。

…卯年の

*季節限定品

松やナンテン、稲穂などをスワッグにして、紙垂をつけてお飾りにしても。

正月の作りもの

◆ 餅花 ◆

小正月に飾る餅花。お米の豊作を願って作られてきました。

お餅を3〜4切れに切り、電子レンジでやわらかくしてちぎって枝につけていく。

石を入れて重しにする

庭のモミジの枝で。赤は食紅を少し混ぜる。びんは古い酒びん。

◆ もめん玉 ◆

養蚕が盛んな地域で作られた繭玉。長野市のは"もめん玉"。

最中皮で作られた「種久商店」のもめん玉。縁起物のほかりんごや雪だるまも。

かわいいので、ひな祭りまで飾ってる。

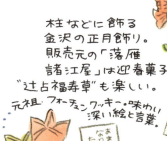

◆ 紅工魚周 ◆

柱などに飾る金沢の正月飾り。販売元の「落雁諸江屋」は迎春菓子"辻占福寿草"も楽しい。

元祖・フォーチュンクッキー。味わい深い絵と言葉。

おいしい落雁付き

＊数量限定

おせち比べ

✤ 福袋おせち ✤

わが家の定番・鶏の漬け焼き

下は15,000円から上は17万円(どんなの!?)まで、48種の中から、どれがあたるか…。うちのは28,000円のでした。

あわびに伊勢エビ、豪勢でおいしかった。

栗だけできんとんを作ったら、まあ甘かった!サツマイモペースト入りがやっぱりおいしい。

12,345円

年末年始はなるべく楽をしたいので、おせちはもっぱら買う派です。
以前は栗きんとんや田作りなど家族が好きなものだけを作って、
スーパーで揃えたものを並べていたけど、
近年はどんっとセットで購入。
近所の好きなレストランで予約したり、ネットで探したり。
安いものハンターの夫が見つけた、福袋おせちも楽しかった。
家族がわいわい集って、食べて飲んで、その真ん中にあるおせち。
今年はどんなものにしようかな。

おせちについていた祝い箸の袋に、母が名前と水彩画を描いてくれた。
両端が細くなっている祝い箸は、一方を神様、もう一方を人間が使う縁起のよい箸。

友人たちのおせち情報をチェック！

くちゃん

❋ 取り寄せおせち ❋

山形の老舗山菜料理旅館「出羽屋」のもの。「泊まりに行く！」と熱望するおいしさだったそう。シンプルな桐箱のお重なのもうれしい。再利用できるね。

32,000円

❋ おつまみおせち ❋
Mさん

本書担当編集のMさんは、「酒場放浪記」でおなじみの吉田類さん監修の"おつまみ玉手箱"。ちょこちょこおつまみが入り、上にはおすすめのお酒のガイドシートが。

17,800円

作ったのは黒豆ときんとん、なます。

❋ 並べるおせち ❋
Nちゃん

買ってきたものと、作りたいものだけ作って、少しずつ並べる。彼女のバイブル、マネして買ってみました！

お重は使わず、母、祖母から引き継いだ漆器に配膳。

『12月31日だけでできるおせち 新装版』太田静栄（発行ADDIX 販売マイナビ出版）

魅力的なタイトル…♡

19

手帳にひと言日記

朝のヨガや体操をして、白湯をポットに入れ、手帳に向かうのが一日のスタート。

もらいもののフリー手帳に1日のto doを書く。

高橋書店の"フェルテ5"。表紙にはヴィクトリアンシールを。

ここ数年ずっと手帳は決まったものを使っています。
スケジュール管理はもちろん、ブロック式の週間ページに日記を書いて3年。
これがすごくいい。
ほんの少しの分量が朝のよいウォーミングアップになるし（翌朝書く）、
なんでも書き留めておくので、備忘録としてあとでよく見返します。
「この日は何着てたっけ」「去年はお年玉いくらだったかな」
「花粉症のはじまりは……」などなど。
書けない日もあるけれど、無理せず楽しみながらやっています。
書くのも読むのもハリが出るので、色鉛筆でささっと色をぬるのは必須。
その年の自分と家族のことが詰まった手帳、ずっと続けていきたいな。

手帳日記をはじめる前は出かけた日の日記をがんばって書いてたけど、今はほぼ貼るのみ。買ったもののタグや展覧会のフライヤーなど

こんなことを書いてます

うれしかったバレンタイン・ギフト

「六花亭」の"通販おやつ屋さん"。
月ごとにいろんなラインナップの
お菓子がつまってる。2月はチョコ入り。
もちろん全部おいしい〜。

2
FEBRUARY

寒さの厳しいころだけど、
ウメやスイセンの花が咲きはじめ、少しずつ春の気配。
残りわずかな冬のおしゃれも楽しみたい。

2

如月

きさらぎ
厳しい寒さで
重ね着をする
"衣更着"
(きぬさらぎ)

誕生花

アネモネ
「君を愛す」

誕生石

アメシスト

「誠実」
「心の平和」

平安時代の"雪まろばし"。転がして雪玉を大きくする遊び。
『源氏物語』にも登場

3 立春 絵手紙の日	4 ビートルズの日	5 笑顔の日
寒さも峠を越え、春のはじまり。		
10 ふとんの日	11 建国記念の日	12 ブラジャーの日
	初代の神武天皇が即位したとされる日。	
17 千切り大根の日	18 雨水 エアメールの日	19 チョコミントの日
腸にやさしい。味噌汁に入れても。	氷がとけて水ぬるみ、草木の芽が出はじめるころ。	
24 クロスカントリーの日	25 道真忌	26 包むの日
雑菌が繁殖しにくい2月に、友人親子と味噌の仕込み。簡単だけど手間はかかるので、ワイワイ楽しみながら。		8か月ほど待つよ

2月の歳時記

節分

二十四節気では立春が新年なので、節分は大晦日。邪気を祓い、一年間の無病息災を願う行事。遣唐使から伝えられた中国の「追儺（ついな）」がはじまり。

紙袋の鬼
持ち手を取った紙袋に赤い色紙をちぎって貼る。
ボール紙に金の色紙を貼る
毛糸
目の部分に穴をあける

豆まき
豆まきが定着したのは江戸時代で、「魔を滅する」に通ずる説がある。

福豆
古来から穀霊が宿るとされた大豆。生の豆は芽が出てしまい、縁起が悪いので、炒るようになった。

福豆は日中升に入れ、高いところに供える。折り紙の升

豆まきの作法
奥の部屋の窓から順に、外に豆を投げ「鬼は外」。窓を閉め、部屋に向かって投げ「福は内」。年の数+1（数え年）の豆を食べる。

掃除が大変なのでうちは玄関とリビングだけ。落花生をまく地域もある。合理的！

恵方巻
その年の吉方を向き、願いを心で唱えながら黙って太巻きを1本食べ切ると叶う、という風習。諸説あるが大阪では幕末からあった習慣だそう。一般に普及したのは1970年代ごろで、のり業界などのPRによる。

無言のもぐもぐに笑ってしまう。運が口から逃げちゃうよ。1本なのは、縁を切らないよう。

手巻き寿司が大好きなので毎年友人とやります。

2025年の吉方は西南西。

柊鰯
こちらも関西の風習。鰯の頭を、柊の枝に刺したものを、鬼よけとして玄関に挿す。

柊は魔よけ、鰯は焼く匂いで鬼を遠ざける。

のりは半分に切って、食べやすいサイズに。

ホトケノザ
花が上向き
ヒメオドリコソウ

花の下にある葉の形が仏様の台座に似ていることから。似ているヒメオドリコソウは、花が横向きに咲く。

ヒヤシンス
水は週1でかえる

水栽培で2月から咲く。ギリシャ神話にも登場。和名の"風信子（フウシンシ）"は、香りが風で飛ぶさまから。

フクジュソウ
お正月の鉢花に人気

江戸時代は早春に春を告げる「福告ぐ草」という名。旧暦の正月ごろに咲くので、"元日草"の別名も。

マンサク
ひものような花びら

開花が早春であることから、「まず咲く」が変化したといわれる。花がたくさんつくと豊作、といわれた。

ジンチョウゲ
花びらはなく、ガクの集まり。

中国原産で、室町時代に渡来。和名は香木の沈香とスパイスの丁子（クローブ）からきており、芳香を放つ。

ウメ

中国原産で奈良時代に渡来。江戸時代に盛んに品種改良され、現在は300種以上。1月から咲き、春を告げる。

フキノトウ
東京でも2月ごろ道ばたで見られる

フキの花のつぼみで、古くから愛されてきた山菜。収穫できる時期は1〜4月と、地域によってさまざま。

ホウレンソウ

寒さで甘みと栄養分が増す。シュウ酸などのアクがあるため、1〜2分ゆで冷水にさらし、水気を絞る。

寒シジミ

産卵前の肥えた夏の土用シジミに対し、1〜3月に出まわる。土の中で栄養を蓄え、濃厚なだしがとれる。

ゆでてフキ味噌を作り、厚揚げやおにぎりにのせて焼く。

味噌汁はもちろん、うどんに入れても。だしのうまみがたっぷり。

あったか冬小物

コートはそう新調できないけど、マフラーや手袋は冬ごとに増えてゆきます。
おなじみのコートで単調になりがちな装いを、小物でガラリと気分転換。
冬はトーンが重くなるので、カラフルなものや白っぽい明るい色をチョイス。
お気に入りのマフラーを巻いて、街をシャキシャキ元気に歩きたい。

雪の日

東京では雪が降ると、「どうか積もって……!」と子どもたちは祈り、
交通麻痺を恐れる大人たちは「頼むから積もらないで」と祈ります。
めでたく積もった暁には、大人は必死に雪かき、
子どもは大よろこびでかけまわる。
平日だった年は娘は朝5時半に起き、登校前に友達と近所を探検して、
下校したら暗くなるまで雪だるま作りにはげんでいました。
連れ立って夜や早朝に散歩をするのも、雪の日の楽しみ。
咲きはじめた梅に積もった雪、誰もいない公園、キュッキュと雪を踏む音。
帰ったらぽかぽかドリンクで身体を温めるのを忘れずに。
白い、静かな雪の日は、自分が子どもだったころから特別なイベントデー。

ひな祭りの工作

とっておいたハマグリの貝殻に、マジックでペアの絵を描いて"貝合わせ"。日本古来の神経衰弱、作るのも遊ぶのも盛りあがる。

3
MARCH

足もとからかわいい草花が伸び、
いよいよ春の到来。
厚いコートを脱いで、明るい色のおしゃれを楽しもう。

3 弥生

やよい
弥(いや)にますます
生(おい)た草木が
芽吹く月。

誕生花
チューリップ
「思いやり」
「情愛」

誕生石
アクアマリン

「永遠の若さ」

 春のお彼岸

太陽が真東からのぼって、真西に沈む春分は、この世(此岸)とあの世(彼岸)が通ずると信じられた。

写真にお供え。

3 ひな祭リ	4 差し入れの日	5 啓蟄 サンゴの日
小さなおひな様を家のあちこちに。 →骨董市で見つけたケヤキのおひな様		冬ごもリの虫や動物が出てくるころ。

10 石砂糖の日	11 いのちの日	12 だがしの日
	命の尊さを思い、震災に備える日	「古事記」に出てくるお菓子の神様の命日。 →菓子といってもミカン 

| 17 彼岸入り*
セントパトリックデー
アイルランドにキリスト教を広めた.聖パトリックの命日。
街が緑色に染まる  | 18 春の睡眠の日 | 19 眠育の日

早寝早起きは健康の源! |

24 恩師の日 31 山菜の日	25 桜始開 電気記念日	26 食品サンプルの日
アクの少ない、こごみのくるみ味噌和え。 		七十二候で桜が咲きはじめるころ

3月の歳時記

水辺で邪気を祓う中国の行事「上巳(じょうし)の節句」が平安時代に伝わり、人形にけがれを移して水に流す「流しびな」に変化。公家の人形遊び「ひいな遊び」と結びつき、江戸時代に盛んになりました。

✧ お祝い膳 ✧

ハマグリの吸いもの
対になった貝殻で、平安時代に「貝合わせ」の遊びが流行り、仲のよい夫婦の象徴になった。

- 男びな・女びな　**親王**
- 儀式の給仕　**三人官女**
- 音楽隊　**五人囃子**
- 警護　**随身**（右大臣・左大臣）
- お供、従者　**仕丁**
- 左近の桜と右近の橘
- **道具**　食器、長持、鏡台、針箱、行器(ほかい)(脚付き)、茶道具、籠、重箱、牛車など。

甘酒
邪気祓いのための白酒を、子ども用に甘酒で代用。

ひなあられ
菱餅をくだいて焼いたのがはじまりという説がある。桃色は魔除け、白は清浄、緑は健康を表す。

ちらし寿司
お祝い事に出された「なれ寿司」が変化したもの。

水面に広がって茂るヒシは、成長や繁栄のシンボル。

菱餅

✧ ひな人形 ✧

左の男びな、右の女びなは東京風で、昔は逆だった。立春以降に飾り、「早く片付けないと婚期が遅れる」という迷信は、片付けに対する昔のしつけからきているよう。

東京や金沢に伝わる「金花糖」。砂糖でできたかわいい飾り菓子。

オオイヌノフグリ

明治期に入ってきた外来種。イヌノフグリは古くからあり、実が犬の陰嚢に似ていることから、この名前に。

ツクシ

シダ植物のスギナの胞子茎。暖かくなってきた3月、日当たりのいい土手やあぜ道などで見られる。

スミレ

道端にひっそり咲く小さな野草。大工さんの墨入れに似ていることから、この名がついたという説がある。

ミモザ

アカシア属の総称。日本ではギンヨウアカシア、欧米ではフサアカシアが主流。庭木やリースに人気。

モクレン

ハスの花に形が似ているから"木蓮"。もとは観賞用ではなく、つぼみが漢方に使われた。

ユキヤナギ

枝ぶりが柳に似て、雪のように真っ白い小花が咲くことから名がついた。散った様子から、別名"小米花"。

シュンギク

ハッサク

小鳥の皮むき器

ハマグリ

生で食べたほうが苦味の少ないシュンギク。買ってすぐの新鮮なものを、生のままサラダに。ハッサクとオリーブオイルで和えて、春のサラダ。

ナッツやチーズを混ぜてもおいしい。

ひな祭りと縁が深いハマグリは、家族みんなが大好き。シンプルにフライパンで蒸し焼きが、一番。

手作りひな祭り

ひなあられ

- お餅　3個
- 粉糖　小さじ3
- 衣　各小さじ2
  （フリーズドライ ストロベリーパウダー、抹茶パウダー、きなこ）

1 お餅を5mm角に切る。

2 クッキングシートの上に離して並べ（トレイ2枚分）、160℃に予熱したオーブンで25分。

3 それぞれの衣をポリ袋に入れ、2のお餅と粉糖を1/3ずつ加えて、振ってまんべんなくまぶす。

毎年ひなあられが食べきれないので、作ってみたら……
簡単でサクサク、甘さも調節できてすごくおいしい。
お盆におやつと一緒に並べて、かわいいひな膳のできあがり。
遊びながらあれこれ作ってみると、
いつものひな祭りがうんと楽しくなります。

完成～！
簡単でおいしい♡

乾燥剤を入れておすそわけ

おやつ御膳

menu
✱ 甘酒ドリンク
✱ 白玉パフェ
✱ ひなあられ

もちろん市販品を並べるだけでもカワイイ！

白玉パフェ もちもち白玉の和風パフェ

グラノーラや好きなフルーツ、トッピングはご自由に！

- 白玉粉　75g
- 水　　　75ml
- 砂糖　　小さじ1
- フリーズドライ ストロベリーパウダー、抹茶パウダー適量

三色白玉

1 砂糖とよく混ぜた白玉粉に、水を少しずつ混ぜ、耳たぶのやわらかさに。

2 1の生地を3等分して①そのまま ②ストロベリー、③抹茶パウダーを混ぜて色づけ。

3 それぞれひと口大に丸めて熱湯に入れ、浮いたら2分ゆで、冷水で冷ます。

トッピングシュガー

彩りよく盛りつけよう

イチゴ / アイスクリーム / 白玉 / 市販のゆで小豆 / 白玉 / くだいたクッキー

甘酒ドリンク

よく混ぜて飲むよ

2人分
- 甘酒 200ml
- バナナ 1本
- イチゴ 2粒
- キウイ 1/2個

1 イチゴとキウイはつぶしてピューレ状に。

2 皮をむいたバナナと甘酒を、ブレンダーで混ぜる。

3 グラスに1のピューレ、2を入れる。

リメイク大作戦

刺しゅう

元祖・プチプラファッショニストなわが母。
リサイクルショップで見つけたナチュラルな
ワンピースの胸もとに、刺しゅう。

コットンのワンピースに刺しゅうをして、
部屋着にしています。乙女！
(どっちもリサイクル品)

背中は首もとに
ワンポイント

出してる千円台までだわね

ネットで買い物をして、届いてみたらちょっとイメージと違った……
ということはよくあります。
そんなときは、簡単リメイク。
裾あげや袖詰めくらいだけど、時には大胆に襟を切ったりすることも。
めったに高い服は買わないのであまり躊躇せず、
適当に切ってまつり縫いをするだけのワイルドさ。
母も同じく筋金入りの安物買いで、切ったり貼ったり、
刺しゅうをほどこして自分流にかわいくリメイクしています。
私も子どもの服には、いろいろ手を加えてきました。
フェミニンガールで、少しでも男の子っぽい服は着てくれなかったので、
おさがりにはアップリケをしたりレースを縫いつけたり。
箪笥の肥やしにしないよう、長く着られるよう、
工夫を凝らす作業がワクワクするのです。

子ども服

娘は好みはうるさいけど、とことん気に入ることも多く、少しでも長く着られるように、あれこれ工夫しました。

予想よりかわいく、簡単にワンピースが生まれ変わった。

缶の中にためたデコパーツたち。

Decoration Parts

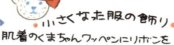

・小さな子服の飾り
肌着のくまちゃんワッペンにリボンをつけ、無地Tシャツのワンポイントに。

レギンスについてた飾り

・旅先で

メキシコのワッペン、スパンコール

イタリアの蚤の市で見つけたモチーフ

・リボン
靴下や下着についてたものや100均のリボン。

・ボタン
ボタンの箱もある。取って小さくなった服から取っておいたりも。

5歳

台北の雑貨店で買ったサクランボパーツ。チュニックのしみ隠しに散らしてつけた。

…ワンピースとして1歳から着ている。

・ジーンズ

リボン
ワッペン

いろいろつけただけカーディガン

ボタンも紫からピンクにつけ替え

絶対にはこうとしなかったジーンズはおさがりのデニムスカートの飾りを移植したら、イチコロ。

モチーフよりひとまわり大きくカットして、ブランケットステッチで縫いつける。

Column 1
セレモニー・スタイル

年に数度のパーティーやセレモニー、何を着て行こうか？

◆卒園・入学式◆

はりきって式服を探した、娘の卒園＆小学校入学。新春セールのファッションビルをまわって見つけたワンピース、クラシックな雰囲気がお気に入り。

人形の顔やボタンがコラージュされた「シスター社」のバッグ。入学式は母に黒いバッグを借りた。

一年後の七五三では、ウールのガウンをはおって。

ガウンもがまロバッグも「ネセセア」

パーティーでは

「BEBE」のお花バッグと「プティローブノアー」の大粒コットンパールの3連ネックレス。

普段は縁のない、フェミニンな「セルフォード」のレースリボン

「プチマイルド」のワンピース 2000円でした

娘は2回着るだけなので、フリマアプリで購入。探すの、楽しかったなぁ。

迷っているうちに売れちゃった「ピエール・カルダン」

春のさわやか宴会

和歌山からやってきた、柑橘類
つめ合わせセットでサワー大会。
地元では、しぼった果実を
グラスにためて飲むのだとか。
娘も炭酸水に入れまくってカンパイ！

4
APRIL

花いっぱいの中、新しい生活がスタート。
お花見にお散歩、
春を楽しみに出かけよう。

3 読み聞かせの日	4 清明 あんぱんの日 草木が芽吹きだす	5 ヘアカットの日	6 城の日 気になる髪型は同じキャプションをつけて、スマホのアルバムにストック。

10 駅弁の日 日本初の駅弁は宇都宮。おにぎりとたくあん。	11 しっかり朝食の日	12 パンの記念日	13 喫茶店の日 喫茶店の厚切り食パンのモーニングの楽しみ。

17 なすび記念日 ナスが好物だった徳川家康の命日。	18 よい歯の日 お手伝いしたら、苦手なものも少し食べられるかも。	19 食育の日	20 穀雨 イースター* 百閒忌 田畑を潤す春雨
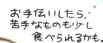			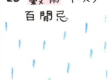
24 植物学の日 ラベンダー	25 世界ペンギンの日 植物油(ホホバオイルなど)小さじ1に、安眠効果のある精油を1滴混ぜてバスオイルに。	26 よい風呂の日 クラリセージ スイートマジョラム	27 哲学の日
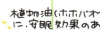	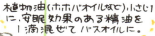		

ドイツで見たあこがれのリース

イースター (20日)
キリストの復活祭。
春分のあとの最初の満月の次の日曜日に祝う。
イースターモチーフの卵は"命のはじまり"、うさぎは"多産・繁栄"のシンボル。

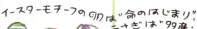

リンツのイースターチョコレート"ゴールドバニー"

4月の歳時記

お花見

お花見は奈良時代に貴族がはじめ、梅を鑑賞するものでした。桜の花見が庶民に広まったのは江戸時代。明治期に花の名所を作ろうと、成長の早いソメイヨシノが各地に植えられました。この季節、さまざまな桜を楽しみたい。

ヤマザクラ
山地に自生。4月上旬ごろ。

まぁるくかわいいヤエザクラ

薄黄緑色からピンクに変わるウコンザクラ 4月中旬ごろ。

パンを買って、友人たちとおつまみを持ちよるのが定番。

ワインクーラーは「ル・クルーゼ」の"アイスクーラースリーブ"。凍らせて使う。

トレイがあると便利

温かいものがあるとうれしい。キャンプのバーナーでソーセージソテー。

❋ お手軽燻製 ❋

すべて100均で揃う道具で！(P137)

固形燃料を使うポケットストーブ

メスティン（アウトドア用のアルミ容器）にアルミホイルを敷き、スモークチップをしき詰める。チップがあたらないように、網をのせる。チーズやうずら卵をのせ、ふたをして弱火で15分ほど温める。

❋ セリ丸ごとサラダ ❋

おいしい！

そろそろ出荷がおわる、根付きの冬セリの丸ごとサラダ。根っこは切って竹串でよく洗う。ざく切りした生セリを、ごま油と韓国のりで和えるだけ。お花見に持ってきた友達のおかげで、大ファンに。

春は伸びた新芽をつんだ"葉セリ"が出まわる。

ヘビイチゴ

食用にはならない、かわいい実をつける。ヘビがいそうな場所に生えるけど、実際ヘビは食べないのだとか。

タンポポ

多くが外来種のセイヨウタンポポ（黄色い花の下のガクが反っている）だが、里山などで在来種が見られる。

チューリップ

トルコ原産のチューリップ。香りがよくないのが難点で、和名の"鬱金香（ウコンコウ）"はウコンに似た香りだから。

ツツジ

サクラがおわったあとの街路樹の主役。よく蜜を吸ったけど、毒のあるものもあるので吸わないほうが無難。

ヤマブキ

『万葉集』にも詠まれ、古くから親しまれてきた花。一重と八重がある。その色から金貨の隠語に使われた。

ハナミズキ

大正にアメリカから贈られた。花のような外側の部分は、葉っぱが変化したもの。秋の紅葉や実もかわいい。

キャベツ

アサリ

タケノコ

やわらかくみずみずしい春キャベツ。春と秋が旬のアサリ。春のアサリは産卵を控え身がふっくら。春キャベツ丸ごとと酒蒸しにしたら、ペロリです。

水に米ひとつかみ（とぎ汁でも）、唐辛子を入れて1時間ほどゆで、ひと晩鍋のまま冷ます。水煮を使っても。

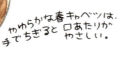

ハッピー・バースデー！

「ラギィムシム」のナイロンフラッグ "パーニフラッグ"

フォトスポット

最初はごくシンプルだった壁面飾り。職業柄ついはりきりすぎて、年々壮大になってゆく。

100均のお花紙

数字に切った色画用紙に、花形に切った白い紙を貼る。

1歳

幼いころから誕生日だけはきっちり祝ってもらっていたので、
なにより気合の入るイベントが、娘の誕生日。
何日か前からフォトスポットの仕込みをはじめ、準備を進めます。
当日は夜明け前から飾りつけスタート。
起きてきた娘は、今年の壁画を前に、飛び跳ねて大よろこび。
娘の誕生日は、私が母親になった記念日でもあります。
「こんなものを作るより、怒らないでいるほうが娘のためになるよね……」
なんて、完成した壁画を眺めながら日ごろの自分を反省したりして。
生まれてきてくれたことがただただうれしかった0歳0日を思い出し、
気持ち新たにスタートする日。

アジサイはこまかく切る

ティアラ

ティアラ

4歳のときに作った花冠。

造花の花の部分だけ切って、レースのリボンに縫いつける。材料はオール100均。

ざっくり縫いでOK

姫ごっこやハロウィンでも活躍!

ケーキ

スポンジは市販のものでも、デコレーションできると大よろこび。

ホットケーキミックスで作れば、卵、砂糖と材料3つで簡単。「ホットケーキミックス スポンジケーキ」で検索してみてね。

3歳のときはカップケーキ

庭のミントも入れて、娘がメインでデコレーション。

「フライングタイガー コペンハーゲン」のケーキ皿でゴーカに見える。レースペーパーもフライングタイガー。

おめでとうカードを作ろう

✱ ランドセルカード ✱

1枚の紙を折って貼るだけなので簡単。
色紙で作ったミニノートに、メッセージを書こう。

はじめて長い時間おうちを離れて、
保育園・幼稚園生活がはじまる子、
いよいよ小学生になる子。
そんなわが子やお友達に贈りたい、
お祝いカード。
色画用紙と身のまわりにある紙を使って、
工作気分で作ってみよう。
普段から包装紙や柄折り紙などの柄紙を
ストックしておくと便利です。

入学・入園祝いの
包みに添えよう。
レースペーパーののしに、
きせかえカード(P60)。

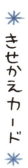
きせかえカード

あげる子に似せたお人形カード

1 二つ折りした色画用紙に型紙を写し、2枚重ねて切る。手と足(女の子はワンピース)の点線がわにくるように。

2 色紙や柄紙に服や小物の型紙を写し、切ってのりで貼る。

ほっぺと口は色鉛筆

ペンで描くとき、線の上に点々を描くと味が出る

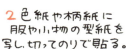

三つ折りや四つ折りで、たくさんつなげても楽しい。

型紙は170%に拡大

ベレー帽

制服を着せたり、おしゃれさせてね。

体は服より少し小さめに切るよ。

新生活を応援

娘が3歳のころ、なかなか新しい保育園に慣れることができず、
毎朝泣き叫ぶ声を振り切って別れるのが本当につらかった。
少しでも気持ちがなぐさめられるように願いを込めて、
園で使うものは、市販のものでもできる範囲で手を加えました。
あるときふっと、泣かずにバイバイできる日がきて、
だんだんと保育園が大好きになった娘。
新しい生活に勇気が出るような、楽しいグッズを一緒に選んだり、作ったり。
母も子も、がんばる春です。

ランチョンマット

うちにあるハギレとリボンで製作。

薄い布は2枚縫い合わせて

名前は刺しゅう

袋もの

お着替え袋と靴袋は、ナイロン巾着にアップリケと刺しゅう。

ハギレをブランケットステッチで

ボタンの目と刺しゅうのヒゲをつけたアイロンフェルトをペタリ。

タオルケット

大判のガーゼタオルにブランケットステッチではぎれをアップリケ。

名前づけ

"きりえプリント"が活躍！

♪ きりえプリントを使う

大きな名札は、カラフルにかわいく簡単に。

手芸店やホームセンター、100均にも売ってるよ。

1 きりえプリントのシートの裏に、字や図案を書く。

2 ハサミでカット。

3 裏面を布におき、トレーシングペーパーを上にしいて、アイロンをあて、裏紙をはがす。

63

母の日の朝

折り紙で作った巨大カーネーションに、
葉っぱをまぜたワイルドなブーケ。
前日ケンカして、「ごめんね」の手紙と
デスクに生けられた庭の花。
娘お手製のブーケが毎年楽しみ。

5
MAY

新緑が目にうれしい5月。
半袖になれる日も増えてきて、身も心もうきうき。
お弁当持って、どこに行こうか。

5

皐月

さつき
田植えをする
"早苗月"。

誕生花

スズラン
「幸せの再来」

誕生石

エメラルド
「幸福」
「夫婦愛」

八十八夜 立春から88日目。農作業や茶つみの最盛期。八十八夜につまれたお茶は無病息災の縁起もの。

5 立夏 こどもの日 夏の訪れを告げる日

6 コロッケの日

7 コナモンの日 タコ焼きはオリーブオイルをたっぷり使い、カリッカリに。

12 ナイチンゲールデー

13 愛犬の日

14 マーマレードの日 クリームチーズ＋マーマレード＋黒胡椒 最強ディップ！

19 香育の日

20 森林の日 ゆるハイキングで森散歩

21 小満 探偵の日 太陽の光を浴び、万物が成長していく。

26 風呂カビ予防の日

27 小松菜の日

28 花火の日 1733年に隅田川の川開きで打ち上げ花火が行われた。疫病退散と慰霊のためのものだった。

5月の歳時記

中国から伝わった、厄災を祓う行事がはじまり。男の子のお祭りになったのは、武家文化が花開く鎌倉時代以降。江戸時代には祝日になり、兜や幟旗を飾って盛大に祝い、庶民にも広がっていきました。

端午の節句
新聞紙や折り紙で兜を折って、かぶったり飾ったり。

❋ 鯉のぼり ❋

鯉は生命力の強さと立身出世を象徴。春分の日から5月中旬まで掲げる。うちは女の子なので、毎年工作して門に飾ります。

紙コップ鯉のぼり
紙コップに折り紙やレースペーパーを貼り、タケひごを刺すだけ。
キリで穴をあけておく
マスキングテープを巻いて、位置を固定。
上を口にしても…

❋ 柏餅 ❋

関西では平安時代に端午の節句が伝わったときからの習わしでちまきが食べられ、関東では江戸時代に柏餅が食べられるようになった。柏は新芽が出るまで古い葉が落ちず、「家系が絶えない」という縁起のいい木。

❋ ショウブ湯 ❋

頭に巻くとかしこくなるという言い伝えがあるよ。
香りを出すためお湯を入れる前に入れる。

血行をよくし、強い解毒作用があるといわれるショウブ。「尚武」に通じることから端午の節句で重用された。魔除けのために軒につるしたり、お風呂に入れて健康を祈願しよう。

ショウブはサトイモ科。沼などの水辺に群生。楕円形の花が5～7月に咲く。ハナショウブはアヤメ科。葉がショウブと似ており、この名がついた。湿地に群生。

ショウブ / ハナショウブ

シロツメクサ

四つ葉は1万分の1程度の確率だそう。

名は江戸時代にオランダから運ばれた、陶器の詰めものに使われたことに由来。のちに牧草として広まった。

ドクダミ

花を保護する苞葉

古くから民間薬として重宝され、名は毒や痛みを抑える「毒痛み」が転じた説がある。花は中央部分。

クレマチス

秋まで楽しめる四季咲きもあるが、5月は多様な品種が咲き乱れる。つるが丈夫なことから、別名"鉄線"。

アヤメ

アヤメ／ハナショウブ

よく似たハナショウブとの違いは、咲くのが湿地ではないこと。"綾目"とも書くように、花弁の模様も特徴。

フジ

4月下旬から5月上旬に咲く。山で見る野生のフジも見事（管理不足による増殖だそうですが……）。

バラ

秋咲きに比べ、休眠で蓄えた栄養でボリュームがあり、花数も多い。オールドローズの多くは春咲きのみ。

新ジャガイモ

熟成を省いて収穫後すぐに出荷されるジャガイモ。小ぶりで皮ごと調理できるのが魅力。3〜5月が旬のホタルイカは、パスタや煮ものに大活躍。

ホタルイカ

ジャガイモとホタルイカ、ソラマメの旬のアヒージョ

露地ものイチゴ

本来のイチゴの旬は4〜6月。屋外の畑で栽培される露地ものが出まわるころ。小粒でお手頃で、ジャムやお菓子作りにピッタリ。

マフィンに入れたりジャムにしたり。

お弁当バンザイ！

お弁当デビュー

ミニおにぎりと唐揚げ、
卵焼き、里芋煮など。
ブドウはホイルにくるんで
貼り絵をペタリ。

はじめての遠足

気分を盛りあげようと、この日の
ために無地Tシャツをリメイク。

アイロンで転写する"きりえ
プリント"(P63)にスパンコールを
縫いつけただけ。

最初に娘専用のお弁当を作ったのは、3歳の5月。
転園したてでなかなかなじめず、毎朝大泣きだったころ。
人生初の遠足とお弁当がうれしくて、はじめて泣かずに登園できたっけ。
悩みどころは、好き嫌いの多さ。
サンドイッチにはレタスもキュウリもはさめない、
彩り要員のブロッコリーはNGと、制約が多い。
小学校にあがってからは、長期休みの間、学童に行くときは毎日お弁当。
長い夏休みにおののきつつ説明会に行くと、
第一声が「お弁当、そんなにがんばらなくていいですよ」。
流水麺やパンなど、市販のものもどんどん使ってください、と先生。
それで肩の荷がどっと降りました。
コーンのバター焼きとか、ただのタコさんウィンナーが大好きなんだから、
簡単なものをカラフルに詰めればいいのよね。
気張らず楽しく、お弁当作りをしていきたいものです。

おにぎり弁当

必ずリクエストされるので、遠足前日はいつも唐揚げ。

カオカオおにぎり

写真のぶたさんはたらこ和え、くまはおかかチーズ(かつお節＋スライスチーズ＋しょうゆ)。

Menu
- 唐揚げ
- サツマイモレモン煮
- うずらウィンナーマン
- インゲンごま和え
- バターコーン
- おにぎり
- プチトマト

メニューに困ったら、インスタグラムの"#おべんたぐらむ"でいろーんなお弁当を見て参考に。

1 前髪の形に切ったのりに切り込みを入れる。

男の子

パンダ

2 丸くにぎったおにぎりに、1ののりを巻き、ラップをしてなじませる。目や口をのりで切るの、けっこう時間がかかる。

絵本の中のお菓子が食べたい

『しろくまちゃんのほっとけーき』を何度も何度も読み、
食い入るように鮮やかなページを見つめる娘。
「ほっとけーき、作ってみようか！」と言ったときの目の輝きときたら。
読んでおいしい、作って楽しい絵本クッキングのはじまりはじまり〜。

クマくんの バタつきパンのジャムつきパン

柳生まち子/作（福音館書店・品切重版未定）
おいしい、楽しい言葉のリズム。

『クマくんの はちみつぶんぶん ケーキ』と2冊で 『クマくんの おいしいえほん セット』

しっとりおいしい！

お話の中にレシピが出てきて、作りたくなること請け合い。図書館で探してみてね。

ジャムはお菓子作り入門に最適。
大量の小粒イチゴのヘタ取りをいっしょうけんめいやってくれた。

たくさんのイチゴに大興奮で、ひと踊り。

2歳

こんなにたくさんできたよ〜

仲よしのKちゃんにおすそわけ♡

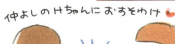

75

2〜3歳のころ大好きだったノンタン・シリーズ。

ノンタンのたんじょうび

キヨノサチコ/作・絵（偕成社）

材料も作りかたも ごくごくシンプルだけど、おいしいクッキー！ バターを室温に戻しておくのがポイント。レシピ付き。

はりきるのは、やはり型抜き。シュガーやレーズンを使ってカラフルに。時間をかけてデコるもんだから、生地がデロデロになっちゃう。

生地を半分に分け、交代で冷蔵庫で冷やしながら作る。

入れ替えだー

ラップ

バタバタ

手で形を作って、自分のカオ・クッキーも！

しましまジャム

Goma/作・絵（フレーベル館）

4〜5歳から大好きな絵本。巻末にジャムレシピ付き。

絵本みたいにびんにしましまに入れるのはむずかしいけど、パンにしましまにぬったよ。

レシピの中で お気に入りの "バナナチョコジャム" と、別で作った栗ジャムで しましまトースト♥

300年まえから伝わる とびきりおいしいデザート

美しく細やかな挿し絵

エミリー・ジェンキンス／文
ソフィー・ブラッコール／絵　横山和江／訳
（あすなろ書房）

16世紀ごろからある、西欧のデザート
"フルーツ・フール"にまつわる物語。
300年前、200年前、100年前、現在と
4つの時代に同じフルーツ・フールを作る
親子が出てきて、その背景がドラマチック。

小枝の束 → フリキ → 手動泡立て器 → ハンドミキサー

300年の間に、生クリームを作る道具も進化…。

巻末にレシピ付き。つぶした
ベリーと、ホイップクリームを
混ぜるだけ、ととても簡単。
冷凍ミックスベリーを
使い、さらに簡単。

ガーッ

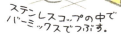

ステンレスコップの中で
バーミックスでつぶす。

絵本のマネして、つまみぐい♡

おいしーい

砂糖少なめに
しても、生クリームが
少し重かったので、
凍らせてアイスに。
不思議とペロリと
食べられちゃう。

6月の風景

鉢に花を浮かべる"花手水"、
よく見かけるようになりました。
中でもアジサイの涼やかさときたら。
写真は深大寺本堂の手水舎。

6 JUNE

梅シロップにアナベルのリース作り、家遊び。
外出の憂鬱がやわらぐお気に入りの傘やバッグ。
雨の季節を楽しく過ごすトピックは、意外とたくさん。

6

水無月

みなづき

田んぼに水を注ぎ入れるころ。「無」は「の」という助詞にあたる。

誕生花

ユリ

「純潔」「威厳」

誕生石

真珠

「長寿」「富」

嘉祥の儀 (16日)

平安時代、6月16日に16種の菓子を神前に供え、疫病退散を祈願した故事。
江戸時代には将軍から大名たちに菓子が与えられ、大広間に2万個の菓子が並んだとか。

2 ローズの日
ブルガリアでは6月初旬にバラ祭りが開催される。

3 世界自転車デー

4 虫歯予防デー

9 たまごの日

10 時の記念日

11 入梅* 傘の日
梅雨がはじまるころ

16 和菓子の日 嘉祥の儀
撫子 芸術的な 紫陽花 生菓子を楽しもう 青梅 青楓

17 おまゆりさんの日

18 国際寿司の日

23 沖縄慰霊の日
30 夏越の祓
茅の輪くぐり

24 UFO記念日
近所の神社で夏越の祓。半年間のけがれを落とし、残り半年の息災を祈る。

25 住宅デー
氷に見立てた「水無月」で暑気払い。

6月の歳時記

衣替えと夏仕度

衣替えが6月1日と10月1日になったのは明治時代。和服の場合も6月からは単、10月からは裏地付きの袷を着用するきまり。わが家は5月の連休にクローゼットの衣替えをはじめるのが恒例。インテリアも夏模様に替えていきます。

晴雨兼用折りたたみ傘。大きめで遮光率の高いものを。

海辺で買った貝風鈴を出したり…

クッションカバーやクロスは白、ブルー系に

✿ お洗濯 ✿

夏は白いシャツが多いので、真っ白にしておきたい。全体的な黄ばみは40度程度のお湯が入った洗面器に、重曹をスプーン1杯入れてかき混ぜ、30分ほど浸けおく。そのあと普通に洗濯。

シルクや麻などは不向き。

古歯ブラシ

「ショセ」の"トラベルシューズ"。本革に防水加工が施されてる。

ガンコな汚れは「ウタマロ」でこすり洗い。スニーカーもこれで洗濯します。

体に添うボディバッグ

梅雨

梅の実が熟す時期にやってくる、雨の季節。中国から「梅雨」という呼び名が伝わるまでは「五月雨」だった（旧暦の5月は現在の6月）。たっぷりひと月半も続くのだから、快適なグッズを用意して楽しくのり切りたい。

撥水パンツ（「無印良品」の）をロールアップ。靴下をきれいな色に。

アフリカ布の傘地で作られたバッグを傘入れに。

「3COINS」の傘ポーチも便利。

「GU」のレインスニーカー

ツユクサ

早朝から花が咲いて、午後にはしぼんでしまう一日花。朝露を受けて咲きはじめることからついた名前。

アガパンサス

南アフリカ原産、花火のような華やかな形状。小さなユリが集まったようで、英語名は"アフリカンリリー"。

クチナシ

夜、香りが強くなる

実は古くから染料に用いられた。熟しても実が裂けないことから"クチナシ"の和名がついた説がある。

アジサイ

ガクアジサイ

大きな花が額のように取り囲んでいる。

日本原産。花色は土壌の酸性度で変わる。青色は酸性、赤はアルカリ性の土。ガクアジサイが原種。

ヤマボウシ

白い部分は葉っぱが変化したもの。中央の花を僧侶の頭に見立て、頭巾をかぶった"山法師"と名がついた。

ナツツバキ

ツバキに似た花を咲かせる。まだら模様の樹皮が特徴。朝に花が咲き、夜に散る一日花。別名"沙羅の木"。

新ショウガ

味噌汁、煮もの、なんにでもショウが。

通常2か月ほど保管されるショウガを、採れたてで出荷。簡単に甘酢漬けができる。サラダや肉料理にも。

トウモロコシ

1本で2合分。水は通常通り。塩を小さじ1強入れる。

子どもも大好き！ 皮付きのままラップに包んで電子レンジに5分かければ、栄養が逃げずにおいしく食べられる。実を包丁で削いで、芯も一緒に入れて炊く、トウモロコシごはんも最高。

皮ごと薄くスライスして1〜2分ゆで、塩をふって砂糖と酢をあわせた甘酢と混ぜる。

ショウが焼きに入れてもおいしい。

梅シロップを楽しみつくそう

梅シロップを作ったあとの梅の実、どうしていますか？
楽しみかたはいろいろ。
たとえば……刻んで豆腐とじゃこのサラダにかける。
梅の実6〜7個をびんに入れてひたひたのしょうゆを注ぎ、
冷蔵庫で4〜5日おいて梅しょうゆ。
めんつゆに漬けて、そうめんのつゆにしてもおいしい。
そしてやっぱり、子どもがよろこぶのはデザート！

シロップも飲むだけじゃなく、活用しちゃおう

梅シロップデザート

簡単梅ゼリー

1. 水大さじ2の中にゼラチン5gを入れ、ふやかす。

2. 鍋に梅シロップ200ml、水400mlを入れ火にかける。

3. 沸騰寸前で火を止め、1を入れて溶かす。

4. グラスに梅の実の甘露煮と一緒に入れて、冷蔵庫で冷やし固める。

おいしい！

遊びに来たお友達にも大人気！

超簡単梅シャーベット

1. 梅シロップ100ml、牛乳200mlを混ぜ、浅い容器に入れる。細かく刻んだバナナ（適量）を入れ、ふたをして冷凍庫で冷やす。

2. 3時間ほどで固まる間に、2回ほどフォークでかき混ぜる。なめらかなシャーベットになるよ。

もう食べたい…

バナナの甘みと梅の酸味がマッチ。

雨の日は紙遊び

雨の日が毎日続くときは、紙で工作遊び。
日ごろから裏紙や段ボール、箱、トイレットペーパーの芯などを取っておき、
あるもので工夫して作ります。
2人でキュウリやくだものをスケッチしたときのこと。
描くだけのつもりだったのが、絵を切り抜いてみることになり、
そのままカゴに入れておままごとがはじまりました。
子どもとの遊びは、思わぬほうに転がっていくのがおもしろい。
たとえ絵が苦手でも、きっとどんどん遊びがふくらんでいくはず。

七夕の笹飾り

七夕の日は外に出し、
一日だけじゃもったいないから、
しばらく家の中に飾ります。
一気に部屋が華やぐ。

7
文月
ふみづき

稲穂が
ふくらむ
"穂見月"
（ほみづき）

誕生花
ヒマワリ
「あなただけを
見つめる」

誕生石
ルビー

「情熱」「勝利」

---

1 海開き・山開き*　2 真ん中の日

古来、登山は信仰行事だったため、夏の一時期だけ解禁された。

多くの山で登山の安全祈願祭が開かれる。

7 小暑 七夕	8 七転八起の日	9 ジェットコースターの日
暑さが日増しに厳しくなるころ  サルスベリ	小暑から立秋の前日までを「暑中」といい、暑中見舞いを出す時期。	
14 パリ祭	15 中元	16 えんま参り
 アイスやフルーツ	お中元は中国の風習とお盆が結びつき、贈答の習慣に。7月初旬から15日までに贈るのが一般的。	地獄の釜が開き亡者も鬼も休む日。
21 海の日* 自然公園の日	22 大暑 ナッツの日	23 文月・ふみの日
	 暑さがもっとも厳しくなるころ	
28 菜っ葉の日	29 福神漬の日	30 梅干の日
夏バテ防止にホウレンソウを	土用の丑の日に精の出るうなぎを食べる習わしは、江戸時代から。	"う"のつくものを食べるとよいといわれている。 うどん 梅干

オシロイバナ

夕方から翌日の午前中に開花。丸くて黒い果実の中に、白い粉が詰まっていることからこの名に。

ラベンダー

ラテン語「LAVO」(洗う)が語源。

ハーブとして利用されはじめたのは、古代ギリシャ時代。洗濯や入浴の香りづけに使われた記録が残る。

ハス

朝早く咲き、昼ごろにとじる。仏教では極楽浄土の花とされている。仏教の盛んなインドの国花。

ノウゼンカズラ

平安時代に薬草として中国から渡来。古名の"乃宇世宇(ノウゼウ)"が変化。"カズラ"はつる植物を表す言葉。

タチアオイ

2m以上に伸びる品種も。下から上に咲き上がり、一番上の花が咲くと、梅雨が明けるといわれている。

サルスベリ

"百日紅"の和名通り、開花期が長い。幹がツルツルしているところから、「サルも滑る」という名前に。

エダマメ

完熟する前の大豆。エダマメのビタミンB_1はアルコールの分解をサポートする役割がある。フライパンでじっくり焼いてもおいしい。

オクラ

オクラは親子で好物で、夏は毎日食べるくらい。体の熱を取り、整腸作用も。丸ごとゆでてだしに漬け、かつお節をかけるのが好き。

モモ

縄文時代から食べられてきたというモモ。モッツァレラなどチーズと合わせてサラダにすると、おもてなし料理にもなる。

塩をまぶして10分おいてから焼く。ごま油でもオリーブオイルでも。

黒胡椒パラリ

花と緑とくらす

忙しい時期にはついほったらかしてしまいますが、
マイペースに庭作りを楽しんでいます。
狭くともポイントがほしくて、小さな花だんを作りました。
割れた鉢のかけらを使った即席花だんだけど、素朴な風合いにひとり満足。
たたきには高低をつけて鉢を並べ、目線があちこちに飛ぶようにしています。
育てた草花を使って、よく作るのがリースとブーケ。
リースは雑に作ってもなんとか形になるもので、意外と簡単。
ブーケは友達の誕生日に娘と花束を作って、プレゼントに添えています。
お店で花を買うのも特別でうれしいけど、日々小さな草花を飾ることで、
とても豊かな気持ちになれるのです。

お庭にアクセントを

花だん 割れた鉢のカケラで忌ごしらえ。

バコパ

花屋さんで水やりや
おき場所など
育てかたのコツを聞く。

ワイヤープランツや
庭に自生したシダなど
をグランドカバーに。

ベランダで花だん気分が味わえる
よせ植え。盛り気味なくらいが楽しい。

植え替え前に、
10〜20分ほど
ポットごと水に
沈めると、土に
なじみやすい。

ラベンダー

ハンギング バスケット

100均のバスケットと木箱、
S字フックを組み合わせただけ。

腐食防止に、内側に
ビニールを貼る。

両面テープ

キリで穴をあける

97

リースを作ろう

つるリース

公園に落ちていたつる植物の枝を丸め、細いワイヤーでとめたリース。針葉樹などの葉をすきまに挿して、素朴な味わい。

写真は、強くて育てやすい"アスパラガス スプレンゲリー"の枝。2〜3週間、青いまま飾れる。ドライの木の実と混ぜたり。

花を飾る

アップルセージ
コバノズイナ

ブーケ

子どもが選んだ花を束ね、水でぬらしたティッシュで包み、アルミホイルを巻く。薄紙やレースペーパーでくるめば、かわいいブーケのできあがり。

ハナニラもブーケに入れたよ

ハーブ

ローズマリー

丸めてラッピングの飾りに。いい香り。

タイムやフェンネル、お茶や料理に使えるハーブをプチブーケにしておみやげに。

クッキングシートでくるんだブーケ

おやつを作ろう

コロナ禍のこもり期間に盛んにやったのが、お菓子作り。
娘は友達とオンラインで、プリントアウトした同じぬり絵をしたり、
人形でごっこ遊びをする中、一緒におやつを食べたりもしていました。
オンラインといえば、ひとり暮らしの佐賀の義父とつないで、
週一で家族の食事会をやっていたときのこと。
ある日義兄が食後にいそいそと運んできたのが、"イタリアンプリン"。
某コンビニのオリジナルデザートが好きすぎて、「もっと食べたい!」と
ネットでレシピを調べ、リモートワーク期間中に作りはじめたのだとか。
すぐに教えてもらって、作ってみたらまぁ、簡単でおいしい。
今でもおりにふれて作る、自粛期間中の収穫の1つです。
義父とのオンラインでのごはん会も、時おり続けて楽しんでいます。

家族みんなの人気もの
クチコミおやつ

オンライン食事会で教わった....
イタリアンプリン

手みやげに持っていっても
よろこばれる！

recipe まるでチーズケーキのよう....

1. 砂糖50gを鍋をゆすりながら中火にかけ、カラメルに。こげ茶色になったら火を止め、お湯を大さじ2入れる。

型に入れて冷蔵庫へ

2. ゴムべらでやわらかく練ったクリームチーズ100gに、卵3個、砂糖80g、牛乳100ml、生クリーム100mlを入れ、つど泡立て器でよく混ぜる。

あればブランデーやコアントローなど洋酒大さじ1

3. ざるでこしながら1の型に入れ、お湯を張った天板におき、予熱した150℃のオーブンで45分。粗熱をとって、冷蔵庫で5〜6時間冷やす。

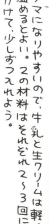

\Point/ ダマになりやすいので、牛乳と生クリームは軽く温めるとよい。2の材料はそれぞれ2〜3回に分けて、少しずつ入れよう。

のせるだけパフェ

アイスとホイップクリームを用意して、あとは家にあるものでパフェを作ろう。トレイに材料を並べるとお店みたいで楽しい。

Yちゃんママ直伝！

アイスは2つの味を用意。グラノーラ、砕いたクッキー、アラザンなど。

残ったホイップで、翌朝はフルーツサンド♡

派手にフルーツを使われ 母は余りものパフェ…

あれこれ作ってみたくなる

レシピ本

プレーンクッキー

全粒粉入りでサックサク。すみっコぐらしの型で作れば大よろこび。

お菓子づくり入門といえばコレ！

『まいにちおやつ』なかしましほ（KADOKAWA）手軽でおいしいレシピがたくさん。

大好きな場所へ

P110の山小屋近く、花の咲き
乱れる夏の八島ヶ原湿原。
湿原から蝶々深山をトレッキング。
霧ヶ峰の美しい丘の風景が
待っていてくれる。

8
AUGUST

夏祭りに海水浴、お盆の帰省。
避暑に山小屋へ。
今年の夏はどんな思い出ができるかな。

8 葉月
はづき

旧暦では木々の葉の落ちる月。

誕生花
トルコキキョウ
「思いやり」
「感謝」

誕生石
ペリドット
「運命の絆」

暑気払い 涼やかになるギフトを贈ろう

長野「オラホビール」"キャプテン クロウ エクストラペールエール"
大好きな味を贈る

「揖保乃糸」特級品の素麺

4 ビヤホールの日

5 発酵の日
おいしい冷菓

6 広島平和記念日

ふたの果汁をしぼる
「京橋千疋屋」自家製くりぬきゼリー

京都「亀屋清永」の琥珀羹
目にも涼しい。

11 山の日
山に親しむ日

12 世界ゾウの日

13 月遅れ盆迎え火
ご先祖の道しるべとして、盆のはじまりとおわりの夕方に、火を焚く。

18 高校野球記念日

19 世界写真の日

20 交通信号設置記念日

25 即席ラーメン記念日

26 人権宣言記念日

27 ジェラートの日

地元自慢のジェラート店「シンチェリータ」を手みやげに。

8月の歳時記

盆踊り

仏教の"念仏踊り"に由来する盆踊り。お盆に先祖の霊をもてなすために室町時代にはじまったといわれ、500年の歴史を持つ文化。

やぐらのまわりを誰もが自由に踊ってまわるのが基本だが、阿波踊りなど踊り手が決まっているものも。

毎年楽しみにしている学校の盆踊り

私の母が染め物教室で型染めして、娘に作ってくれた浴衣。アザミ柄。

お盆

先祖があの世から帰ってきて、家族とひとときを過ごし、また天に帰っていくという日本古来の信仰と、仏教行事が重なり合ってできた日本のお盆。本来のお盆は旧暦7月（新暦8月）。明治以降、多くの行事が新暦に移行しても、お盆だけはこの暦のまま行う地方が多い。8月に農家の収穫がひと段落することからともいわれています。

棚の上に、簡易なお盆棚を設置。

キュウリとナスにわりばしの足をさす

精霊馬（しょうりょううま）

ご先祖が乗る精霊馬は、行きは速いキュウリ馬、帰りはゆっくりのナス牛。

ヤブガラシ

ヤブを枯らすほどの旺盛な繁殖力があり、庭の厄介者。6〜8月に小さな花が咲き、いけるとなかなかかわいい。

アサガオ

奈良時代に中国から薬草として渡来した。観賞用になったのは江戸時代から。早朝に咲き、昼ごろにしぼむ。

ヒマワリ

学名も英語名も「太陽の花」で、和名の"向日葵"も太陽に向かう花、という意味。種は食用で、油もとれる。

エンジェルストランペット

大きなラッパのような花が迫力。株全体に幻覚作用を起こす毒性がある。傷のある手でさわらないように。

ムクゲ

中国原産。奈良時代から親しまれてきた。韓国の国花。フヨウとの違いは葉の形状と、縦に伸びる木の形。

ハギ

秋の七草。万葉集でもっとも多く詠まれた花だそう。枯れ木から新芽を出すので「生え芽(ぎ)」→"ハギ"。

パプリカ

ナス

5〜10月と旬が長いナス。夏のナスはみずみずしく、秋は皮が薄くやわらかい。パプリカもピーマンもトウガラシの一種だが、品種が別。パプリカはビタミンCもカロテンも、ピーマンの倍。

スイカ

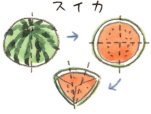

まん中が一番甘いので、縦に1/4に切ったものを横に切り、また縦に切り分けるとよい。果汁に含まれるシトルリンはむくみ解消や老廃物の排出、疲労回復などに。

ナスやオクラ、ズッキーニ、カボチャなどグリルした夏野菜をのせたカレー。

アウトドア好きの友達のアテンドで、
一度だけキャンプ場でテント泊をしたことがあります。
すごく楽しかったけれど、自分でやるとなるとハードルが高すぎる……。
でも、たまには思い切り自然の中に身をおく旅がしたい。
そんな私に最適だったのが、山小屋に泊まる旅。
友達親子と4人で滞在して、周辺をのんびりトレッキング。
山小屋というと昔はハードなイメージがあったけど、
お風呂付きでごはんがおいしいところもたくさん。
歴史を重ねたノスタルジックな雰囲気がたまらない。
また夏山を楽しみに、泊まりに行きたいな。

リサイクル工作のススメ

食品トレーで…
プカプカお舟

食品トレーに、ヨーグルトや豆腐のパックを組み合わせて、両面テープやビニールテープでくっつけて、いろんな形の舟を作ろう。

お風呂でレゴの人形をのっけてごっこ遊び。

水遊びでも活躍するよ！

・フラッグ
テープを楊枝に貼り合わせ、好きな形にカット。

こまかい飾りはビニールテープの接着面に油性ペンで下絵を描いて、ハサミでカット。

特別なものを買わなくても、身近なもので作るのが
工作の醍醐味。
ペットボトルキャップにプラスチックトレイ、
普段は捨ててしまうゴミが、楽しいおもちゃに早変わり。
材料さえ集めてあげれば、
あとはその場のひらめきでどんどんアレンジしてみよう。
夏の水遊びのおもちゃ、キラキラアクセサリー、
童心にかえって、私のほうが楽しんで作っているみたい。

ペットボトルキャップで… キラキラ・アクセサリー

キャップの表面にアクリル絵の具をぬる。乾いたら木工用ボンドでパーツを貼る。

アクリル絵の具もパーツも100均よ

ボタン＋ビーズ 丸シール＋スパンコール おままごとのケーキにもなる。

缶などのフタにパーツを出す。

仲よしのHちゃんの誕生日に。娘とおそろい♡

・ブローチ・
シールフェルトを花型に切って、花びら部分を側面に貼る。

キャップで型を取る

裏にピンを縫いつける。はがれてきたら、ボンドで補強

・ブレスレット・
イラストのように穴をあけ、ひもを通す。

・ヘアゴム・
中央付近に2か所穴をあけて、ゴムを通す。

・ネックレス・
キリで穴をあけ、ひもを通してビーズを通し、穴の下で結ぶ。

100均のアクセサリー用ゴムひも

旅のおすそわけ

夏の思い出話とともに、おみやげがゆき交う9月。
私から、いつも出張みやげをくれるMちゃんに
鳴子温泉・長野・九州みやげつめ合わせ。
ご近所Aちゃんから、松本「開運堂」のお菓子＆手拭い。

9
SEPTEMBER

まだ暑さは残るけど、空は秋模様。
栗や芋、フルーツと秋の味覚が気になるころ。
大好きな季節、秋の幕開けです。

9 長月
ながつき

夜がだんだん長くなる月、また稲穂が成長していく「穂長月」。

誕生花
リンドウ
「愛らしい」
「勝利」

誕生石
サファイア
「慈愛」「誠実」

1 防災の日

2 宝くじの日

3 アフタヌーンティー文化の日
アフタヌーンティーの習慣をはじめたベッドフォード公爵夫人の誕生日。

8 ハヤシの日

9 重陽の節句
菊合わせ
平安時代、宮中で菊を愛でながら歌を詠み合った。
今も品評会が行われるシーズン。

10 愛する小倉トーストの日

15 敬老の日*
ひじきの日
カンパーイ

16 国際オゾン層保護デー
遠方に住む祖父母とオンラインで一緒にごはん。

17 イタリア料理の日
ナスのグラタン風
オーロラソース(ケチャップ+マヨネーズ)のなんちゃってイタリア

22 フィットネスの日

23 秋分 万年筆の日
昼と夜の長さがほぼ同じ。冬にむけてどんどん日が短くなる。

24 清掃の日

29 招き猫の日
フククル 29.9
お気に入りの多摩張子

30 くるみの日
かわいい・おいしいくるみのお菓子
「祝うてサンド」(福岡・石村萬盛堂)
手の形
最中「くるみるく」(長野・御菓子処花岡)
大好き!「くるみクッキー」(岩手)

9月の歳時記

重陽の節句

中国から伝わった季節の節目の行事。平安時代から江戸時代ごろは盛んに祝われていたそう。旧暦では菊が美しく咲くころ。菊の節句とも呼ばれ、菊を観賞しながら歌を詠み合ったり、菊酒を飲んで無病息災を願いました。新暦で菊の季節がずれたことや、農繁期と重なり、廃れてしまいました。

✤ 後(のち)の雛 ✤

江戸時代の風習で、上巳(じょうし)の節句の雛人形を再び飾り、大人の女性の健康を願う風習。人形の虫干しの意味もあった。

内裏びなだけ飾っても。

✤ 菊酒 ✤

薬草としても使われ、邪気を祓うと信じられた菊の花を漬け込んだお酒。

食用の菊の花びらを好きなお酒に浮かべる。

「大人のひな祭り」と呼ばれる。女子会しちゃおう！

栗ごはんに焼きナス、秋の味覚を。

✤ 栗とナス ✤

栗の節句というほど、お祝い膳に欠かせないもの。また、節句に秋ナスを食べると病気にならないといわれていたよう。

✤ 着せ綿 ✤

菊に綿をかぶせ、夜露や香りを含ませる。翌朝その綿で肌を拭うと、健康と若さが保てるという言い伝え。

神社などに飾られることも。モチーフにした生菓子もあるよ。

✤ 菊湯 ✤

菊は血行を促進し、代謝を活発にするといわれる精油成分を含む。

保湿効果も高いそう。

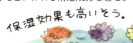

✤ 菊枕 ✤

無病息災を願い、乾燥した菊の花びらを詰めた枕で眠った。

菊のサシェ

イヌタデ

ままごとの赤飯に見立てられたことから、通称"赤まんま"

辛みがなくて役立たないことから、タデに否(イナ)がついてなまったもの。花びらのない小さな花が密集。

コスモス

秋を告げるコスモスは、メキシコ原産で明治の半ばに渡来。オレンジや茶色、黄色などカラフルな品種も。

シュウカイドウ

ベゴニアの仲間で、秋を代表する山野草。中国名の「秋海棠」の音読み。海棠の花と似ていることから。

ヒガンバナ

球根に毒があり、害獣対策にあぜ道に植えられた。

お彼岸のころに咲く。別名"曼珠沙華"はサンスクリット語の「天界に咲く赤い花(manjusaka)」が由来。

ダリア

原産地メキシコの国花。江戸後期に渡来して"天竺牡丹"と呼ばれた。初夏から秋まで多様な品種が咲く。

キンモクセイ

中国原産。秋の訪れを告げる、強い芳香を漂わせる。原種のギンモクセイは白い花で、香りも弱い。

イチジク

おしゃれおつまみ

リコッタチーズやモッツァレラ、塩、オリーブオイル、黒こしょう、くるみをアクセントに。

ナシ

豊水　二十世紀
ジューシー　さっぱり

夏と秋に2回、旬があるイチジク。秋のイチジクは甘みが強いのが特徴。ナシの旬は8〜10月で、9月が最盛期。キャロットラペやコールスローに入れても。

すりおろしナシをポークソテーのソースに。

サンマ

やっぱり塩焼き！

秋を代表する魚、サンマ。もっとも脂がのるのがこの時期。かけすぎなくらい塩をふり、パリッと焼こう。

思い出の残しかた

フォトアルバム

nohana

フォトブック

スマホで簡単に作れるから、電車移動中にササッと編集作業。

440円+送料
20P（写真最大20枚）

1歳おわりから作り続けた「nohana」。毎月1冊だけなら送料だけで作れる*
機能がシンプルで、とにかく簡単。
＊クーポン利用時

しまうまブック

ページ数やサイズは何種類か選べ、レイアウトも多彩。カバーがつくので、豪華な感じ。画像もクリアできれい。

498円+メール便130円*
36P（文庫サイズ）
（写真最大137枚）

＊2024年11月時点

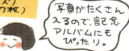
写真がたくさん入るので、記念アルバムにもぴったり。

いまだに紙焼き写真でアルバムを作っていることを驚かれるのですが、
娘が生まれてその量は膨大なものに。
あまりの写真の数に、なかなかプリントが追いつかないのが悩み。
赤ちゃん時代ははりきって自作の厳選フォトアルバムを作っていましたが、
その後は1年生になるまで毎月市販のフォトブックを制作。
なかなかすべての写真をプリントするのは大変なので、
季節ごとだったり、旅行や特別なイベントのときだけは作って残しておきたい。

写真を撮る

写真の腕は自信がないけれど、思い入れのある撮りかたがいくつかあります。

むちむちのほっぺや長いまつ毛が愛おしくて。手だけ撮ったりも。

 **どアップ！**

生後3週間。おっぱいを飲んでるときも どアップで。母だけが知る顔♡

 泣き顔

にっこり写真より、リアルにそのころを思い出せる、泣き姿もたっぷりと。

はじめてのお靴（1歳）

おにぎり食べながら号泣（3歳）

 遊びのあと

ひとり遊びの形跡がおもしろくて、撮り続けてる。

おむつアート…？（2歳）

はじめての雪、たっち、ケーキ……"はじめて"シリーズも大切にしたい写真。

↑ はじめて立ってエレベーター（1歳）。浮遊感に「ヒョー！」ってなってるとこ。

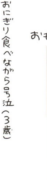

仕事中の母の椅子のアームに並べてた。（2歳）

病院。下のキリンは薬飲み中。（4歳）

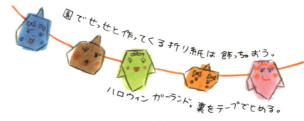

園でせっせと作ってくる折り紙は飾っちゃおう。
ハロウィンガーランド。裏をテープでとめる。

2歳、3歳の作品ファイル。お絵描きしている写真を表紙に。

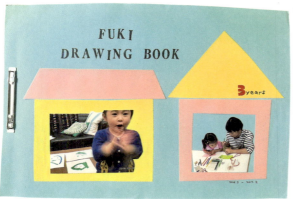

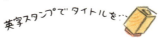

子どもの好きなものを…

表紙用のカラーケント紙（作品よりひとまわり大きくカット）に、単純な形に切った色画用紙を貼り、子どもの写真をコラージュ。
英字スタンプでタイトルを…

こちらもたまる一方の子どもの作品。
全部とっておくわけにはいかず、泣く泣く処分するものも。
かわいい線や色を捨てるのは忍びなく、せっせと再利用。
落書きを便箋にしたり、包装紙に使ったり、小袋を作ったり。
とっておきたい作品はパンチ穴をあけて、
ペーパーファスナー（とじ金具）でまとめていきます。
落書きや一緒にお絵描きした絵、折り紙、立体作品を撮った写真など
台紙に貼ってどんどん綴じていく。
本人も時おりひっぱり出しては眺める、世界にひとつの作品集です。

122

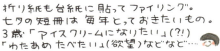

友達の実家の庭でとれた栗を、たくさんおすそわけしてもらいました。
大小さまざまな形のかわいい栗は……まぁー、皮むきが大変でした。
外側の鬼皮をやわらかくするため半日水に浸けたけど、かなりの力が必要。
下の渋皮を傷つけないようにするのがまたむずかしい。
苦労して鬼皮をむいた栗を何度もゆでこぼして、渋皮煮を作りました。
渋皮に傷が入った栗は、ジャムや、鶏手羽と一緒に煮ものに。
しばらく腕が痛かったけど、無心になる作業は楽しかった。
苦労したぶん、おいしさは格別！
皮むきの裏ワザを研究して、また作りたいもの。

鬼皮
渋皮

包丁だと渋皮が傷つきやすいので、バターナイフを使用。鬼皮の先っぽに刃を入れてさしこみ、下へ引きおろす。まわりをはいだら底に刃先をさし入れ、はずす。

渋皮に傷がつくと煮くずれるので、ほかの料理にまわす。

渋皮煮 （栗1kg）

かぶるくらいの水に栗、重曹小さじ1を入れ、火にかける。沸騰したら弱火で10分煮る。火からおろし、流水を入れて水をかえる。煮る、水をかえる を3回くり返す。

渋皮をそうじしたあとの栗の重さを量る。栗とひたひたの水、栗の重さの60%のきび砂糖を2回に分けて入れる。沸騰直前に落としぶたをして20分ほど煮る。

渋皮の表面の繊維を取る。

渋皮の傷もの栗は…

つやっつやの渋皮煮の完成！

渋皮をむいて、おいしいジャムと鶏手羽元の煮ものに。

そのままお茶うけに、パウンドケーキに、シロップを煮つめてプリンのカラメルソースに。

Column 3

プチプラ・スタイル

親の代からの生粋のプチプラ・ハンター。いい歳なので安っぽく見えないよう、心がけて楽しんでいます。

◆ フェリシモ ◆
「フェリシモ」は、娘が小さいころよく買いました。通販で手ごろで、流行を押さえていて、3拍子揃ってる。

「サニークラウズ」
6,490円
エプロン仕立てのその名も"ミレーの落穂拾い"スカート

8,690円
「メデ・ジュウキュウ」のワンピース。シワになりにくいので旅にも。

プチプラ3か条

1 全身固めない
全身プチプラにしない。靴やコート、ニットなどチープさが出やすいものは要注意。

2 試着はしっかり
男女兼用のデニムは4〜5サイズはいて吟味。ネットの場合、着画をじっくり確認。

3 メリハリをつける
長く着たいものはいいものを買う。流行りものはプチプラで。

◆ ファッションセンターしまむら ◆
通いはじめて25年。子ども服から下着まで、どっぷりと。

「テラウェア エミュ」
1,969円
インフルエンサーとのコラボライン。いい色のチェック。

3,990円
「ザラ」
ほっこりしてないベスト探してた。

「ムジラボ」
6,990円
キャロット形がかわいい

靴はそこそこのものを買うようにしてる。

◆ プチプラのお手本 ◆

おしゃれな友人たちのプチプラ情報が一番参考になる。

みんなイラストレーター

ハイセンスな白コーデ。丸首シャツの
下に重ねたシルクブラウスは古着。

浅生
ハルミンさん

松尾
ミユキさん

「ザラ」
3,990円

800円
「セカンド
ストリート」

金ボタンの"ベーシック
ニット"。なめらかな質
感で形もきれい。

約8,000円

下北沢で
たまたま
入った
古着店で

ベストは友人の母上の手編み

かごとチャイナ
シューズは
セレクトショップで
各5,000円ほど。

パンプスも
「ザラ」

「ザラ」の
ニットは
黒、白と
マネして購入。

イナキヨシコさん

「GU」

1,490円

"ヘビーウェイト ビッグ
スウェット パーカ"
メンズのSを着用。

「セカンド ストリート」

3,000円

「ジャーナルスタンダード
レリューム」のサテンパンツ

私も「セカンド
ストリート」で
ほしかた服を
見つけたことが。

カラフルな色合わせ
がきれい。

3,900円

「ドット アンド ストライプス」

お月見のしつらい

スーパーで買った
ススキとケイトウの花束。
和菓子店のおだんごに
みたらしあんを作って、
粒あん、きなこを
用意して食べました。

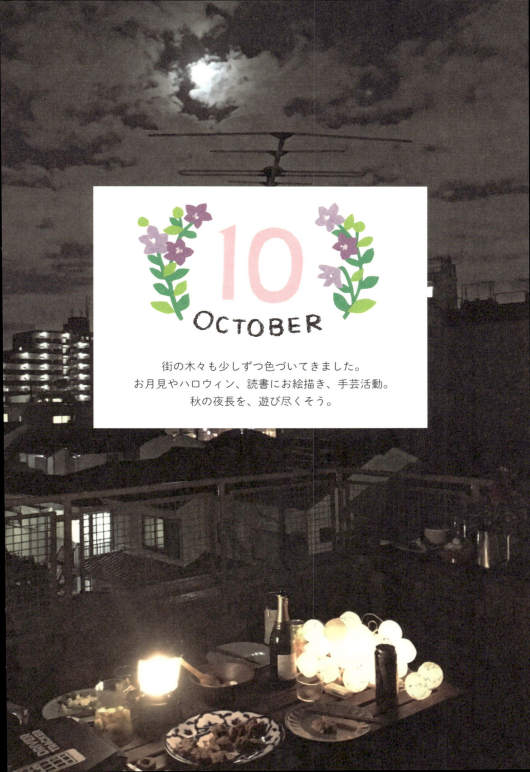

10
OCTOBER

街の木々も少しずつ色づいてきました。
お月見やハロウィン、読書にお絵描き、手芸活動。
秋の夜長を、遊び尽くそう。

10

神無月

かんなづき
「無」は「の」に
あたる助詞で、
"神の月"。

誕生花
ガーベラ
「希望」
「前向き」

誕生石
オパール

「幸運」「純潔」

1 衣替えの日

日本では月のもようを
うさぎの餅つきに見立ててますが、
南ヨーロッパではカニだったり、南アメリカではワニだったり。

6 十五夜* 国際協力の日　**7 長崎くんち（〜9日）**　**8 寒露 そばの日**

十五夜は旧暦の8月15日
なので、満月からずれることも。

冷たい露が
野草につき
はじめるころ。

13 スポーツの日* サツマイモの日　**14 鉄道の日**　**15 きのこの日**

いろいろキノコの
ホイル焼き

サツマイモとキノコの相性もよし。

20 リサイクルの日　**21 あかりの日**　**22 平安遷都の日**

シーツや綿の服は
四角く切って
キッチンのウエスとして使い、
最後は玄関の床を拭く。

27 読書の日　**28 おだしの日**　**29 インターネット誕生日**

ハロウィンの配りお菓子

紙コップに大小の丸シールで顔を作り、
ホチキスでリボンをとめて
バッグに。

こんな顔を作っちゃおう

10月の歳時記

十五夜

旧暦の秋は7〜9月で、まん中の8月は「中秋」。一年で一番美しいとされる旧暦8月15日の月を、「中秋の名月」といいます。月見をするのは、中国の宮廷行事を平安貴族が取り入れたのがはじまり。多くの行事が新暦に切り替わった中、今も旧暦8月15日に行われています。

✤ 秋の七草 ✤

お月見につきもののススキ。秋の七草のひとつで、鋭い葉先が災いから収穫物を守るとされた。ススキだけでも、ほかの花と一緒に飾ってもステキ。

うさぎに見えるかな？
月にうさぎが住んでいるというのは、インドの神話がもとになっているそう。

女郎花（おみなえし）
撫子（なでしこ）
桔梗（ききょう）
尾花（おばな）（ススキ）
藤袴（ふじばかま）
萩（はぎ）
葛（くず）

✤ 芋名月 ✤

収穫を祝う行事でもあり、収穫したての里芋を供えたので「芋名月」ともいう。

✤ 月見だんご ✤

満月をあらわした丸いだんごを供え、収穫に感謝をし豊作を祈る。一般的に15個、三方の上にピラミッド形に飾る。

お盆＋木の椀の即席三方

マスカット入りの大福を作ってみたり、白玉をお供えして、食べるときに串だんごにしたり。

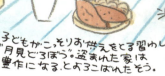

子どもがこっそりお供えをとる習わし〝月見どろぼう〟。盗まれた家は豊作になる、とよろこばれたそう。

サイダーを入れたフルーツ白玉も♡

みたらしのあんやあんこをつけて…

ヨウシュヤマゴボウ

おいしそうなかわいい実だけど、実も根も有毒。インクベリーの別名があり、汁が服につくと落ちない。

リンドウ

日本原産の山野草。古くから根は民間薬に使われた。あまりの苦さに"竜胆（リュウタン）"と名がついた。

ケイトウ

「鶏頭」でケイトウ。まさにニワトリのトサカみたい。花びらに見える部分は、茎が変形した花序。

シュウメイギク

"ジャパニーズアネモネ"の英名を持つけれど、中国原産。可憐で儚げな花が魅力。菊ではなくキンポウゲ科。

キク

東洋でもっとも古い観賞植物という説がある。天皇家の紋章に使われたのは鎌倉時代からといわれる。

コムラサキ

ムラサキシキブの園芸種。本家より小ぶりで、密集した実。メジロやヒヨドリが好んで食べる。

サトイモ

貯蔵性がよく一年を通じて出まわるが、採れたての旬は10月。芋は根や実ではなく、肥大化した地下茎。

キノコ

マツタケ以外は人工栽培が盛んで、一年中出まわるが、秋のシイタケ"秋子"は香りが豊かだそう。

新米

8～10月に収穫され、年内に精米、袋詰めされたものまでが新米。水分量が多く、もちっとした食感。

鶏と一緒にサトイモも唐揚げに。

サトイモとキノコの炊きこみごはん

インドア派の娘との山のぼりは、
東京近郊なら高尾山、御岳山、宝登山など"ケーブルカーがある"山。
目的は山の空気や木漏れ日をいっぱい浴びて、自然を感じることなので、
ラクチン登山に限ります。
子連れに限らず、登山で重要なのは朝早く出発すること。
街からアクセスしやすい山は混雑がすごいので、
8時前には登りはじめてお昼前後には下山したいところ。
登山もごはんも、立ち寄り湯に行く場合も、並ぶストレスなく過ごせます。

ハロウィンで遊ぼう

部屋を飾る ★

無縁だったハロウィンイベントにはじめて参加したのは、娘が3歳のとき。
仮装して商店街をねり歩いてお菓子をもらったり、
お友達と仮装コンテストに参戦したりと、楽しんできました。
仮装といっても、ありもので少し手作りしたり、小物を買うくらい。
一緒に工作をして、園や学校で作ってきた作品を飾り、気分を盛りあげて。
お菓子を買い込んで、配るお菓子をかわいくパッキングするのは
私の腕の見せどころ。
そろそろ親子ハロウィンは卒業のお年ごろだけど、
小さくお祭り騒ぎしていきたいな。

大小、紫、黒の折り紙でコウモリを作って、玄関ドアに貼ったりも。
白ペンで顔を描く
中央だけ貼る
折り目

コウモリとおばけのランタン

・おばけ・

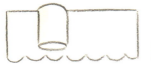

おばけは半分に切ったトイレットペーパーの芯に、型紙通りに切った折り紙を巻きつけ、少し下が広がるように、ホチキスでとめる。

・コウモリ・

穴あけパンチで目×2、ライトを通す穴を両サイドに、図のように2〜3個つなげて穴をあける。
丸シールで口を作る。
コウモリは折り紙を切った羽をつける。

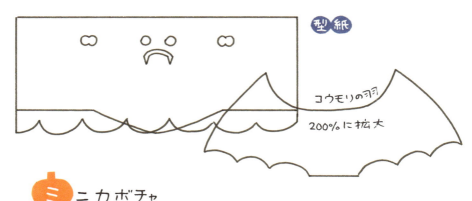

型紙
コウモリの羽
200%に拡大

ミニカボチャ

並べても、ひもで吊るしてもかわいい。

1/4に切った新聞紙をギュッと丸めて、半分に切ったモールを二つ折りにしてさしこみ、テープで固定。

オレンジの折り紙で包み、同色のマスキングテープでとめる。黒のマステをカットして顔を作る。

仮装で遊ぼう

ほぼ縫わない手作りですが、グッと気分があがる！

魔女とコウモリ男

魔女マント

ゴミ袋の底と、片方のわきを切って開く。5cm折り返して、黒いビニールテープでとめ、リボンを通す。

100均のキラキラシール / テープ / ヘアピンなどに結びつけて通す

魔女の帽子

黒い画用紙を図のように切る。

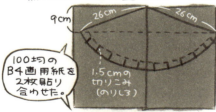

9cm / 26cm / 26cm / 1.5cmの切りこみ（のりしろ）

100均のB4画用紙を2枚貼り合わせた。

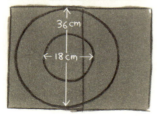

36cm / 18cm

→ 円すい形に巻き、テープでとめる。のりしろにのりをぬり、輪っかをかぶせる。

リボンやお花紙でデコレーション。 / のり

140

コウモリマント

開いたゴミ袋をギザギザに切り、首ひもと手首にはめるゴムを、ビニールテープでとめる。

ひもは袋の底部分

シールを貼るのは内側に。

コウモリマスク

銀の色紙

画用紙

子どもの顔にあわせてマスクを作り、色紙やシールで飾る。パンチ穴をあけてゴムをつける。

猫は表と裏で顔を変えたよ

お菓子バッグ

二つ折りにしたフェルトを好きな形に切り、左右にいくつかパンチ穴をあけ、ひもを通す。

猫とプリンセス

はじめての仮装がコチラ。リサイクルのドレスに手作りケープ。最初は緊張気味の娘、ハイテンションの母が悲しい。

出版社のパーティーでもらったネコ耳

大人もプチ仮装しちゃおう！

パンツと同色のハイソックスにタオルをつめ、しっぽにしたよ

↑フォトスポット

家にあったカフェカーテンにレースやリボン、花のパーツをつけただけ。

レースの花はティアラにもくっつけました

ジャマー！

エンジンがかかったとたん、「ドレスが見えない！」と脱ぎ捨てられた…

エーン

ハロウィンおやつ

簡単！
手作りケーキ

おばけののった
カボチャのケーキ。
パーティーにぴったり。

/甘さひかえめなので、好みで
砂糖をふやしてね！

20秒ほどレンジに
かけたマシュマロをのせる。
チョコチップやアラザンで
顔を作ろう♪

おばけだぞ〜

カボチャ★チョコケーキ

材料
- カボチャ　250g
- バター　80g
- 牛乳　50ml
- 卵　2コ
- 砂糖　60g
- 薄力粉　120g
- ベーキングパウダー　小さじ1
- 板チョコ　1枚

1 カボチャは種を取り、600Wのレンジで4分あたため、皮を取ってつぶす。
皮はとっておく

2 1にバター、牛乳、卵、砂糖を混ぜる。

3 2に薄力粉とベーキングパウダーをふるい入れ、刻んだカボチャの皮も加え、さっくり混ぜる。

カボチャの皮

4 クッキングシートを敷いた型に3を流し込み、割った板チョコをさす。170℃に予熱したオーブンで45分。

お菓子バッグ

配るおやつのラッピングが毎年楽しみ！

袋にお菓子を入れ、口を1回折って、間に2本つなげて輪状にしたモールをはさむ。口をもう1回折ってテープで貼る。

持つときに痛くないよう、つなぎ目はわきにズラしてね。

上で2枚つなげる

二つ折りにした画用紙を2枚一緒にモチーフ形に切り、丸シールで顔を作る。AをBではさみ、ホチキスで2か所とめる。

型紙

200%に拡大

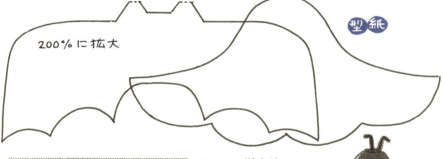

モールの代わりに、ホチキスでとめるとき、輪にしたリボンをはさむだけでも。

商店街で見かけたてんとう虫ちゃん。プラカップ+モール、カラーゴミ袋でナイスアイデア！

143

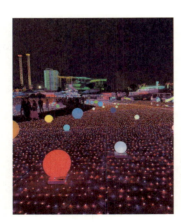

光の中を歩く

うちは12月に入ってからが
クリスマスシーズンだけど、
街はすっかりお祭リムード。
イルミネーションを見にくり出そう。
写真は「よみうりランド」。

11
NOVEMBER

秋晴れの気持ちのいい日が続く11月。
紅葉狩りに、旅に出たくなります。
近づく冬の準備も、ワクワクとはじめよう。

11 霜月

しもつき
霜がおりてくる霜降月。

誕生花
シクラメン
「遠慮」
「はにかみ」

誕生石
トパーズ
「友情」「希望」

亥の子餅（2日）

中国から平安時代に伝わった。旧暦の亥の月(10月)の亥の日、亥の刻に"亥の子餅"を食べ、無病息災と子孫繁栄を願う。『源氏物語』にも登場…。
和菓子店にはさまざまな亥の子餅が並ぶ。

3 文化の日
「自由と平和を愛し、文化をすすめる日」として1948年に制定。

無料開放される美術館、博物館も。

4 いい刺しゅうの日

5 縁結びの日

10 いい友の日
お箸の友、お気に入りの箸おき

11 箸の日

12 一の酉*
洋服記念日
酉の市。屋台じゃなく、神社で授与される熊手も、シンプルでかわいい。

17 れんこんの日
パリパリのレンコンのきんぴらでごはんがすすむ。

18 もりとふるさとの日

19 いい息の日

24 二の酉*鰹節の日

25 いいえがおの日

26 ペンの日
酉の市は、関東を中心に全国の大鳥神社で11月の酉の日に開かれ、縁起ものの熊手の市が立つ。熊手を買うと、三本締め！

11月の歳時記

七五三

子どもの死亡率が高かった昔は、「7歳までは神のうち」として扱われ、7歳になってはじめて一人前と認められました。髪を伸ばしはじめる3歳の「髪置き」、5歳の男児が袴をつける「袴着」、7歳の女児が大人の帯をしめる「帯解き」と成長の節目を別々に祝っていたのが、七五三の原型としてまとまったのが江戸時代。

娘の七五三。数え歳の7歳、3歳でやりました。着物は姉と私が着たもの。

7歳
フリマサイトなどで小物を揃えるのが楽しくも大変でした（一式レンタルが主流）。
- かんざし
- 長襦袢
- 帯揚げ
- 帯締め
- しごき（飾り帯）
- はこせこ

武家の女性の装身具がルーツ。

3歳
写真館をケチったことを後悔した3歳。カメラを向けるとヘン顔ばかり…！

"末広がり"の扇子

被布
コートのような役割。帯を締めなくても正装として整う。

5歳
- 襦袢
- 羽織紐
- 扇子

千歳飴
歳の数と同数の飴。ひっぱるとのびるので「寿命が延びる」縁起物。

懐剣とお守り
護身用の短剣とお守り。「自分の身は自分で守る」という意味が込められる。
帯に並べてはさむ。

写真はデータのみを買って、自分でフォトブックを作ってもよかったな。

子どもの体力に合わせて、撮影は前撮りすることも多い。7歳は午前中写真館で着付け〜撮影、昼食事会、庭園で自主撮影、その後お参りを敢行。ヘトヘト！

タイアザミ

主に関東地方に自生する。大きいアザミという意味。草丈が2mにもなり、トゲが太く痛い。

ヒイラギ

初夏に黒紫の実がなる

キンモクセイに似た甘い香りを放つ（同じ科）、白い小さな花が咲く。赤い実がなるのはセイヨウヒイラギ。

サザンカ

うちの庭のは11月～3月まで咲いてくれる

ツバキ科の日本固有種。ツバキは早春に咲いて、花首から落ちるのに対し、晩秋から咲き、花びらで散る。

イチョウ

美しく色づくころ

太古から大きな変化がなく、「生きた化石」と呼ばれる。雌の木になるギンナンは実ではなく、皮に包まれた種。

サンキライ

サンキライの実がなるのは10～11月。ドライフラワーでも楽しめるため、リースにするのにピッタリ。

ドングリ

クヌギ　マテバシイ　シラカシ　コナラ

ブナ科の、中でもコナラ属の木になる実の愛称。縄文時代は食用されていた。日本には22種類あるそう。

サツマイモ

ずしっと重いものを選ぼう

中国から琉球、薩摩に伝わったサツマイモ。新聞に包み水にくぐらせ、電子レンジ200Wを20分で焼き芋に。

レンコン

太くてまっすぐなものがおいしい。

"蓮根"と書くけれど、食べるのは根ではなく茎。露地ものの晩秋のレンコンはねっとりとして、甘みが強い。

干し柿

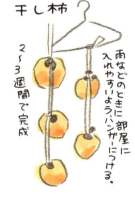

2～3週間で完成

雨などのときに部屋に入れやすいようハンガーにつける。

雨のかからない軒で干しっぱなし

干し柿名人の義父

天気がよく乾燥するこの時期は干し柿作りに最適。皮をむいた渋柿をビニールひもでくくり、熱湯に10秒ほど浸けて消毒し、風通しのよい軒先に干す。

ミルクティーの道具

普段はコーヒー党ですが　秋になると　とたんに……
ミルクティーが　飲みたくなります。

1 お湯をわかす

デッドストックの
ほうろうポット。

pot

nabe tsukami

ハワイ島の
アンティークショップで

オオシマサチコさんの
小鳥。上のといい、
ポットにとまっている
様子は、なんともほほえましい…。

✢ 途中でティーポットと
カップにお湯をさして、
あたためておきます。

2 ティーポットにお湯

トワイニングの"レディグレイ"
が好き。

tea pot

イギリスの
田舎の、アンティーク
モールで出会った
まるいポット。

✢ ポットに茶葉を入れ（ティースプーンで
人数分+1杯）、沸騰したお湯をそそぐ。

秋のクラシックホテル

小学生のころ、毎年秋に旅した軽井沢。姉が結婚式を挙げたのも11月の軽井沢でした。母・姉・私の女3人で久しぶりに秋の旅に出たときのこと——

レンタサイクルでサイクリング。ガンガン飛ばす体力派の2人に、必死に追いすがる姉。

姉
母
私

父と母が好きだったからか、幼いころから家族旅行は晩秋に行くことが多く、
紅葉と旅の思い出がリンクしています。
母と姉とで訪れた晩秋の軽井沢「万平ホテル」。
父の命日の11月、お墓まいりのついでに寄った「蒲郡クラシックホテル」。
母の大のお気に入り「八ヶ岳高原ロッジ」を訪れたのも紅葉のころ。
紅葉とクラシックなホテルは最高のコンビネーションで、
ずっと忘れられない旅として深く心に刻まれています。

蒲郡クラシックホテル

1 1934年に建てられた、名古屋城を彷彿とさせる城郭建築。うって変わってロビーは創業当時の趣きが漂うアールデコ様式で、どこをとっても絵になる。

メ インダイニングで朝ごはん。当時5歳の娘、はじめてナイフ&フォークでオムレツを。うやうやしい銀製のブレッドトレイ

部 屋の窓から小さな竹島と三河湾。ホテルから歩いてすぐで貝がらを拾いました。

✤ 八ヶ岳高原ロッジ

ク ラシックホテルではないけれど瀟洒な平屋ロッジが落ち着いた雰囲気。森の散歩道の紅葉が最高に美しい。

1975年開業

夜は星空観察会が開かれる

森 を抜けるとあらわれる「八ヶ岳高原ヒュッテ」。1934年に東京・目白に建てられた、尾張徳川家本邸の主屋だった建物。1968年に八ヶ岳に移築され、ホテルとして生まれ変わりました。

広大なカラ松の森が続く敷地内。

階段の手すりには木彫の熊

ハーフティンバー様式のお屋敷は、今はカフェやギャラリーになっています。

アフタヌーンティーを楽しんだよ

手作リラッピング

ギフト作りが楽しい季節。
市販のタグを少し切って、
折り紙で簡単な貼り絵を
して、丸シールをペタリ。
リボンは帯みたいに巻いて。

12
DECEMBER

12月に入ったら一気にクリスマスモード。
簡単工作の腕の見せどころ。
仕事に遊びに、心躍るひと月を駆け抜けよう。

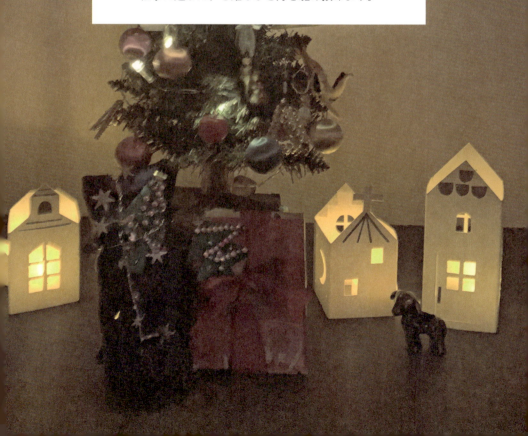

12

師走

しゅす
師(僧侶)も走りまわるほど忙しい月。

誕生花
赤いバラ
「情熱」
「愛情」

誕生石
ターコイズ
「成功」
「健康」

1 映画の日
サンキライとヒムロスギでクリスマスリース

2 奴隷制度廃止国際デー
そろそろ手帳やカレンダーもチェック。

3 カレンダーの日
毎年買う芹沢銈介型染カレンダー

8 御事納め
農事などを納める日。御事汁を食べたり、針供養をする地域も。

9 地球感謝祭の日
こんにゃく、サトイモ、ゴボウ、焼き栗、小豆などが入った汁

10 ノーベル賞授賞式

15 年賀郵便特別扱い開始日

16 念仏の口止め
1月16日の口開けまで念仏を唱えない古い風習。年神様が念仏嫌い…

17 飛行機の日

22 冬至 スープの日
運がつく"ん"のつくものを食べよう
冬至の七種(ななくさ)
なんきん(カボチャ)・レンコン・キンカン・ギンナン・ニンジン

23 東京タワー完成の日

24 クリスマス・イブ
かんてん
うどん

29 福の日

30 地下鉄記念日

31 大晦日
各家にやってくる年神様を迎える準備をする日。
大晦日に細く長いそばを食べ、健康長寿を祈る。切れやすいそばで、"一年の厄災を断ち切る"意味も。
うちはザルそば派

12月の歳時記

クリスマス
キリスト教における、イエス・キリストの降誕祭。日本に広まったきっかけは、明治18年の明治屋のクリスマスの売り出しから。

クリスマスに観たい映画『ストーリー・オブ・マイライフ／わたしの若草物語』*より、1860年代のクリスマス。英米では七面鳥の丸焼きやローストビーフがメイン。

✿ クリスマスツリー ✿
ルーツはゲルマン民族の冬至祭「ユール」。常緑樹のもみの木は永遠の命をあらわす。豊穣を表すリンゴと、キリストの象徴であるろうそくの光で飾った。

✿ リース ✿
おわりもはじまりもない輪の形は「永遠」をあらわす。魔除けの意味も。

✿ サンタクロース ✿
4世紀の司教・聖ニコラウスがモデル。貧しい人々に財産を分け与えた逸話から。

現在の姿は1930年代の「コカ・コーラ」の広告で定着

✿ クリスマスケーキ ✿
ケーキを食べる習慣は、19世紀のフランスで生まれたよう。

『若草物語』の時代は、赤い服と決まってなかった。

アメリカはクリスマスといえばクッキー

ドイツ・オランダ　シュトーレン（"坑道"）

イギリス　クリスマスプディング

フランス　ブッシュ・ド・ノエル（意味は"クリスマスの薪"）

*『ストーリー・オブ・マイライフ／わたしの若草物語』
配給：ソニー・ピクチャーズ エンタテインメント

ツワブキ

フキに似たツヤのある葉から"ツヤブキ"が転じた説がある。茎で作られる佃煮がきゃらぶき。

パンジー

ビオラ

10〜5月と開花時期が長い。寒さや乾燥に強く、冬の庭を彩ってくれる。4cm以下の花を"ビオラ"と呼んでいた。

シクラメン

"カガリビバナ"と"ブタノマンジュウ"（原産国で豚が球根を食べたことから）という極端な和名を持つ。

ルワリア

ヒマラヤやネパールに自生する。サクラのような花をつけ、いい香りがすることから"ニオイザクラ"と呼ばれる。

ポインセチア

白のほかピンクのものも

赤い部分は花の根元につく葉、「苞」の部分で、中央の小さい黄色い部分が花。熱帯の植物で寒さに弱い。

ツバキ

白侘助　乙女椿　さまざまな品種

一般に"藪椿"を指す。古くより種からとれる油を利用したり、生け花や茶花に使われた身近な花。

ミカン

皮は入浴剤はもちろん…

クリーナーにも！

2〜3個分を水約300mlで15分ほど煮て、床そうじやキッチンの油落としに。

冬の代名詞"温州ミカン"は、日本生まれの柑橘類。ヘタを下にして室温の低いところで保存すると長持ちする。

寒ブリ

まるまる太った冬のブリ。ワカシ→イナダ→ワラサ→ブリ。

出世魚で、80cm以上のものがブリ。寒い時期にとれたブリは脂がのっていながら、身が締まって旨味たっぷり。

長ネギ（白ネギ）

白と緑がはっきりしてるとおいしいそう。

もっとも長ネギの出荷量が増えるという12月。寒さにあたって甘みや風味が増した太いネギが出まわります。

ネギたっぷり、ブリの刺し身のしゃぶしゃぶ。

クリスマスまでの日々をカウントダウンする「アドベント・カレンダー」。
日付が入った箱や袋から、毎朝お菓子を取り出すのが子どもたちのお楽しみ。
この時期だけの、朝の小さなおやつが思いのほかうれしいよう。
お店では、箱などについた窓を開けると小さなお菓子が入っているタイプや、
木製の引き出しの豪華版、さまざまなものを見かけます。
市販のものを再利用してもいいし、
簡単に手作りするのもおすすめ。
毎年あれこれ工夫して壁にセットして、
一緒になってクリスマスを
指折り数えています。

ひもで吊るす

ずらりと並んだおうち。モノトーンでシックにまとめました。

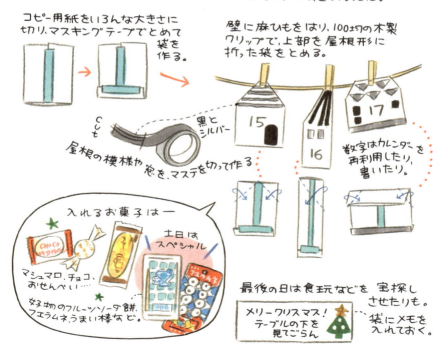

クリスマス・デコレーション

わが家のツリー

昔のオーナメント

雑貨店で購入。

フリマで見つけた、メキシコのブリキの降誕人形は大のお気に入り。

ビーズ細工 from Russia

ガラス製のどんぐり from Germany

街は11月に入ったとたんにクリスマス一色だけど、
わが家は12月1日からがクリスマスシーズン。
まず出すのが、昔買った高さ45cmのミニツリー。
娘のためにもっと大きいのを新調しようかとも考えたけど、
コンパクトで置きやすく、愛着のあるこのツリーを飾り続けてきました。
毎年買ったり作ったりで少しずつオーナメントが増え、
小さいながらもどんなふうに飾ろうか……と思いめぐらせるのが楽しい。
ツリーや部屋をデコレーションして、
年末のワクワクした雰囲気に突入するこの時期が大好きです。

牛乳パックが大変身！キラキラマステでドリーミーに。

電池式キャンドルを入れる

牛乳パックの上下を切る。

牛乳パックの角にそれぞれカッターの線を浅く入れ（a）、ふちにつめを立てて少しラベルをめくり一気にはがす（b）。重なっている部分をはがして平面にする（c）。

キリで穴をあけ星に

裏にお花紙を貼る

表にお花紙を貼ってアクセントに。

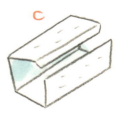

カッターでいろんな形の窓やツリー、月などに切り抜く。裏からお花紙やセロハンを貼ってもきれい。グリッターマステで屋根の模様を作る。

天使のガーランド

半紙の素材を活かして、ふんわりやさしいガーランド。

a 書き初め用紙（ハンプ切り）を、型紙の点線〜点線の長さでじゃばらに折る。これを3枚作り、型紙をおいて写し、2か所ほどクリップでとめ、切り取り線で切る。

b 綿棒やわりばしの先に、スタンプインクをつけて、顔を描く。

レースペーパーを切って貼って洋服にする

250%に拡大

c 金や銀の折り紙を8×5cmに12枚切る。二つ折りにして星の型を写して切り取り線で切り、図のようにひもをはさんで貼り合わせる。

のり

パーティーのプレゼント

毎年恒例だった、仲間うちのクリスマスパーティー。
ドレスコードの緑と赤で身を包んだ30〜40人ほどが集まって、
華やかでとても楽しみだったのだけど、頭を悩ませたのがプレゼント交換。
値段設定は大人1500円、子ども500円。
大人はおいしい消えものを選ぶことが多かったけど、問題は子どものもの。
性別も年齢もばらつきがあるとなると、必ず使うお道具系か、
シールブックや工作折り紙など、遊べるものが手堅いところ。
子どもへのプレゼントでもうひとつよろこばれたのが、
あげかたをゲームにしてしまうプレゼント。
子どもたちの大好きな"宝探し"です。
暗号を考えるのは大変だけど、パーティーが盛りあがることまちがいなし。

ウェルカム・ツリー
買ってきたヒバの枝に
オーナメントを飾り、
玄関にもクリスマスツリーを。

おわりに

ある春の公園ピクニックにて‥‥

子育て雑誌『kodomoe』誌上で5年ほど続けた、
親子で楽しむプチプラ生活を描いた連載。
本書は、その連載をまとめることからはじまりました。
季節の手作りの話が多かったので、カレンダーをつけようと思い立ち、
行事やお花、旬のことなどを調べはじめたら、
楽しくて楽しくてまぁ夢中になってしまいました。

季節にまつわる暦やお祭りは、人々の暮らしに根付き、
遠い時代から脈々と伝えられてきたもの。
完璧にはできなくても、ちょっと花を飾ったり、
買ってきたものを食べたり。
せっかく美しい四季のある国に生きているのだから、
できる範囲で存分に味わいたい。
さらに海外のお祭りも貪欲に取り込んで、
日本人のイベントを楽しむ精神って、世界でも類を見ないのでは。
私も例にもれず、立派なお祭り好き。

そろそろ子どもも思春期を迎え、行事のお祝いも縮小気味ですが、
簡単な季節の手作りをずっと楽しんでいきたいな。

INDEX

P15　とらや
0120-45-4121
https://www.toraya-group.co.jp/

P16　Loupe
03-3397-1121
http://www.a-loupe.com

P17　種久商店
026-232-7190
https://monaka.theshop.jp/

落雁諸江屋
076-241-2854
https://moroeya.co.jp/

P19　出羽屋
0237-74-2323
https://sansai-dewaya.stores.jp/

吉田類さん監修「おつまみ玉手箱」
大丸松坂屋百貨店
0120-917-775
https://www.daimaru-matsuzakaya.jp/

『12月31日だけでできるおせち 新装版』
著：太田静栄
マイナビ出版
https://book.mynavi.jp/

P22　六花亭
0120-12-6666
https://www.rokkatei.co.jp

P28　KIKONO
049-223-6319
http://www.kikono.net

RECTANGLE ／ Cow'n
Instagram　@cown_rectangle

P29　中村工房
019-661-5277
http://www.nakamurakobo.com/index.html

ツバメハウス／ Biscuit
03-3823-5850
Instagram　@tsubamehouse_yanaka

P54　Lagimusim（ラギムシム）
https://lagimusim.com/

P67　廣田硝子
03-3623-4145
https://hirota-glass.co.jp/

P74　『しろくまちゃんのほっとけーき』
作：わかやまけん
こぐま社
https://www.kogumasha.co.jp

『まいにちおやつ』
著：なかしましほ
KADOKAWA
https://www.kadokawa.co.jp/

P75　『クマくんのバタつきパンのジャムつきパン』
『クマくんのはちみつぶんぶんケーキ』
作：柳生まち子
（どちらも品切・重版未定）
福音館書店
https://www.fukuinkan.co.jp/

P76　『ノンタンのたんじょうび』
作・絵：キヨノサチコ
偕成社
https://www.kaiseisha.co.jp/

『しましまジャム』
作・絵：Goma
フレーベル館
https://book.froebel-kan.co.jp

P77　『300年まえから伝わる
とびきりおいしいデザート』
文：エミリー・ジェンキンス／
絵：ソフィー・ブラッコール／訳：横山和江
あすなろ書房
http://www.asunaroshobo.co.jp/

P81　とらや
0120-45-4121
https://www.toraya-group.co.jp/

P82　chausser（ショセ）
03-3716-2983
https://chausser.net/

P102 『まいにちおやつ』
著：なかしましほ
KADOKAWA
https://www.kadokawa.co.jp/

P103 『ルルとララのきらきらゼリー』
作・絵：あんびるやすこ
岩崎書店
https://www.iwasakishoten.co.jp/

『材料2つから作れる！魔法のてぬきおやつ』
著：てぬキッチン
ワニブックス
https://www.wani.co.jp/

P106 オラホビール
https://ohlahobeer.com/

揖保乃糸／兵庫県手延素麺協同組合
0791-62-0826
https://www.ibonoito.or.jp/

京橋千疋屋
03-3281-0300
https://www.senbikiya.co.jp/

亀屋清永
075-561-2181
https://www.kameyakiyonaga.co.jp/

Gelateria SINCERITA
（ジェラテリア シンチェリータ）
03-5364-9430
https://www.sincerita.jp/

P110 クヌルプ ヒュッテ
0266-58-5624
https://knulp.sakura.ne.jp/

P116 石村萬盛堂
0120-222-541
https://www.ishimura.co.jp/shop/

御菓子処 花岡
0268-62-0236
https://www.okashi-hanaoka.jp/

P117 月光荘
03-3572-5605
https://www.gekkoso.jp/

P120 nohana
https://nohana.jp/

しまうまブック／しまうまプリント
https://www.n-pri.jp

P131 BAGGU（バグー）
https://www.baggu.jp/

P152 万平ホテル
0267-42-1234
https://www.mampei.co.jp/

P154 蒲郡クラシックホテル
0533-68-1111
https://gamagori-classic-hotel.com/

P155 八ヶ岳高原ロッジ
0267-98-2131
https://www.yatsugatake.co.jp/

P160 「ストーリー・オブ・マイライフ／
わたしの若草物語」
配給：ソニー・ピクチャーズ エンタテインメント
https://www.sonypictures.jp/he/1258032

※本書に掲載されている情報は2024年11月
現在のものです。
店舗やイベント、商品情報などは変更となる
場合がございます。
※商品は在庫や生産時期により、現在購入でき
ない場合や仕様が変更になる場合がござい
ます。
※問い合わせ先の記載のないアイテムは、すべ
て著者の私物です。
現在購入できない場合がございますので、ご
了承ください。

＊参考

書籍	『にっぽんの七十二候』2015年2月発売　エイ出版社（絶版） 『12ヵ月のマナー便利帳』著：知的生活研究所　1996年12月発売　青春出版社（絶版） 『すぐに役立つ366日記念日事典　第4版【上下巻】』 　著：加瀬清志　編：日本記念日協会　2020年7月発売　創元社
WEB サイト	・みんなの趣味の園芸（NHK出版）　https://www.shuminoengei.jp/ ・LOVEGREEN　https://lovegreen.net/ ・暦生活　https://www.543life.com/

本書は『kodomoe』（白泉社）で2018年12月号〜2023年4月号まで連載した「おやこ プチプラごっこ」とWEBサイト「kodomoe web」で2018年11月〜2023年10月まで連載した「おやこ プチプラごっこ＋plus」をもとに、大幅に加筆、修正したものです。
また、一部の内容は下記の記事を加筆修正したものです。

＊初出
P29　「WANI BOOKOUT」（小社）連載「12か月の暮らしごと」2018年1月
P112　『kodomoe』（白泉社）2021年8月号の特集記事より
P138、139、143　『kodomoe』（白泉社）2022年10月号の特集記事より
P150、151　『雑貨カタログ』（主婦の友社）2007年10月号
P152、153　『InRed』（宝島社）2010年2月号
P166、167　『kodomoe』（白泉社）2020年12月号の特集記事より

デザイン　　畠山香織
写　真　　P138・P143 上／大森忠明　P166・167／田村昌裕　その他／杉浦さやか
校　正　　東京出版サービスセンター
編　集　　森 摩耶　金城琉南（ワニブックス）

わたしたちの歳時記

2024年12月31日　初版発行
2025年 3 月10日　2 版発行

著　者　　杉浦さやか

発行者　　髙橋明男
発行所　　株式会社ワニブックス
　　　　　〒150-8482　東京都渋谷区恵比寿4-4-9　えびす大黒ビル
　　　　　ワニブックスHP　　https://www.wani.co.jp/

　　　　　お問い合わせはメールで受け付けております。HPより「お問い合わせ」へお進みください。
　　　　　※内容によりましてはお答えできない場合がございます。

印刷所　　大日本印刷株式会社
製本所　　ナショナル製本

本書では、こよみや行事は一般的なものを掲載しています。
地域や年などによって変更になったり、諸説ある場合がございます。

定価はカバーに表示してあります。落丁本・乱丁本は小社管理部宛にお送りください。送料は小社負担にてお取替えいたします。
ただし、古書店等で購入したものに関してはお取替えできません。本書の一部、または全部を無断で複写・複製・転載・公衆送信することは法律で認められた範囲を除いて禁じられています。

©Sayaka Sugiura 2024　ISBN 978-4-8470-7518-6